陳福成著

文學叢刊

一隻菜鳥的學佛初認識

——讀《星雲說偈》和《貧僧有話要說》心得報告

文史哲出版社印行

國家圖書館出版品預行編目資料

一隻菜鳥的學佛初認識：讀《星雲說偈》和《貧僧有話要說》心得報告/陳福成著.-- 初版 --
臺北市：文史哲，民 104.09
頁；　公分（文學叢刊；355）
ISBN 978-986-314-277-5（平裝）

1.佛教修特

225.7　　　　104019366

文學叢刊　355

一隻菜鳥的學佛初認識

讀《星雲說偈》和《貧僧有話要說》心得報告

著　者：陳　福　成
出版者：文史哲出版社
http://www.lapen.com.tw
e-mail:lapen@ms74.hinet.net
登記證字號：行政院新聞局版臺業字五三三七號
發行人：彭　正　雄
發行所：文史哲出版社
印刷者：文史哲出版社
臺北市羅斯福路一段七十二巷四號
郵政劃撥帳號：一六一八〇一七五
電話886-2-23511028・傳真886-2-23965656

定價新臺幣四六〇元

二〇一五年（民一〇四）九月初版

ISBN 978-986-314-277-5　　09355

僅以本書向師父星雲大師致敬（自序）

一切有為法，如夢幻泡影，
如露亦如電，應作如是觀。

《金剛經》講到最後，佛陀告訴須菩提說：「若有人以滿無量阿僧祇世界七寶，持用布施，若有善男子、善女子發菩提心者，持於此經，乃至四句偈等，受持讀誦，為人演說，其福勝彼。云何為人演說？不取於相，如如不動。何以故？一切有為法，如夢幻泡影，如露亦如電，應作如是觀。」

身為佛弟子，總該盡一點責任或義務，或思考如何在弘揚佛法上有一點點助力？或對師父倡導的人間佛教多少表達支持！我想這是身為一個佛光會員會思索的事。說來慚愧，我加入佛光會台北教師分會已快十年，皈依在師父座下也大約這麼久了，除了每年隨台大幾位師兄參加「佛學夏令營」，按時繳納會費和興學讚助金等，其他活動因個人特別因素甚少參加。但我依自己專長，以合乎《金剛經》要義之方式，為佛法的傳播，為弘揚師父人間佛教理念，著書立說。就算我只演說一偈，勝過七寶布施，有無福德乃是其次，我何樂不為？我高興、我心安，不然總覺得當一個佛弟子，對佛陀交待不過去！我用我的方式弘揚佛法，用我的方式傳播師父的理念。《大寶積經》偈曰：

三界諸樂具，盡持施一人；
不如一偈施，功德為最勝。

「三界諸樂具，盡持施一人」，如果世間一切讓人享樂的資具，全都布施一個人享用，這樣就會快樂嗎？例如金銀財寶、房屋土地、美食美酒……都給一個人享用，這樣能快樂嗎？恐怕是製造痛苦才是。

「不如一偈施，功德為最勝」。如果要讓人得到真正的快樂，其實最佳是布施一種「正能量」，正確的觀念。例如慈悲、喜捨、忍耐、布施、仁義……這些是心靈的財富，讓人一生受用不盡。《金剛經》所言，法布施遠勝財布施，正是指此而說。

師父星雲大師，一生有無量數法財，是無量數法布施，他的人間佛教未來必成地球上，人類文明文化中重要之「顯學」，並使佛法遍灑全球，度盡有緣眾生。

師父曾說，頭腦好有智慧，可寫作從文化上弘法；口才好可講經說法，從傳教上弘法；頭腦口才都不好，發心修持，勤於參加各項活動，多做慈善有益事業，也是弘法。

我自知各方面都差，只能靠「勤能補拙」、「土法煉鋼」，決心和恆心的堅持，才煉出一點寫作功夫。所以，我寫作從文化上弘揚師父的理念。

本書是讀《星雲說偈》和《貧僧有話要說》二書之心得報告，一隻菜鳥的學佛初體驗，尚祈高明指正，共為弘揚人間佛教盡一分力。（臨濟宗第四十九代弟子　本肇　台北公館蟾蜍山萬盛草堂主人　陳福成　誌於二〇一五年八月）

一隻菜鳥的學佛初認識
——讀《星雲說偈》和《貧僧有話要說》心得報告

目 次

僅以本書向師父星雲大師致敬（自序）……一
照 片……一三
輯一 群我關係：交友、人性、人心……二一
菩薩是怎樣交朋友的？……二三
怎能「不見人過」？……二八
罵不還口、打不還手？……三二
遠離惡知識禍源，佛法的安全管理……三六
親近善知識好緣，交真善朋友……四〇
佛陀為諸大弟子說法：遠離惡知識、親近善知識……四三

無爭無門無患、生物人類菩薩……四八
關於「心」，怎樣管好這顆心？……五二
我們跟隨佛陀去賣花……五六
心、身、人與非人……六〇

輯二 因緣果報、無相布施、三業自淨……六五

緣·因緣……六七
說因道果……七二
從因解決問題，不能廢除死刑……七七
布施法門：真假與選擇……八一
因果、布施、利益……八五
何為最？無上道、布施……八九
報應、福報……九三
業、三業、百劫不失……九七
業與煩惱、福業何求？……一〇一

法布施、財布施、無畏布施……一〇五
佛教的財富觀……一〇九
輯三 怎樣修行？人生至上樂何在？……一一五
人生的至上樂何在？……一一七
修行，不是用嘴巴說的！……一二一
修行趁早、修行四法……一二五
修口，惡口如毒箭……一二九
實語、愛語、身口意清淨……一三三
修行，去那裡修？修些什麼？……一三七
這個「瞋」，要怎樣修掉？……一四一
關於「六度」，誰來領導？……一四五
把握今生、修福修慧……一四九

輯四　生活禪悅、人生境界……一五三
生活有禪，人生有境界……一五五
隨緣生活、一無所求……一五九
人生之最勝何在？……一六三
我現在是首富……一六七
體認無常的人生境界……一七一
人生自古誰無死？不怖於生死……一七五
佛弟子能否參與革命？掃除腐敗……一七九
天風直送禪佛來，也是人生境界……一八三
學佛、作佛，佛在那裡？……一八七

輯五　讀《貧僧有話要說》心得報告（上）……一九三
讀1說：〈我還是以「貧僧」為名吧！〉……一九五
讀2說：〈我對金錢取捨的態度〉……一九八
讀3說：〈我究竟用了多少「錢」？〉……二〇一

讀4說：〈佛陀紀念館的風雲〉……二〇三
讀5說：〈雲水僧與雲水書車〉……二〇六
讀6說：〈佛光山「館」的奇緣〉……二〇九
讀7說：〈我的歡喜樂觀從哪裡來？〉……二一一
讀8說：〈人間因緣的重要〉……二一四
讀9說：〈我怎樣走上國際的道路〉……二一七
讀10說：〈我弘講的因緣〉……二二〇
讀11說：〈貧僧受難記〉……二二三
讀12說：〈貧僧兩岸往來記〉……二二六
讀13說：〈我被稱為「大師」的緣由〉……二二九
讀14說：〈我的新佛教改革初步〉……二三二
讀15說：〈媒體可以救台灣〉……二三五
讀16說：〈我主張「問政不干治」〉……二三八
讀17說：〈神明朝山聯誼會〉……二四一
讀18說：〈我的小小動物緣〉……二四四

讀19說：〈青年應有的愛情觀〉……二四八
讀20說：〈夫妻相處之道〉……二五一

輯六　讀《貧僧有話要話》心得報告（下）……二五五
讀21說：〈我的管理模式〉……二五七
讀22說：〈我一直生活在「眾」中〉……二六二
讀23說：〈我的平等性格〉……二六五
讀24說：〈我要養成「佛教靠我」的理念〉……二六八
讀25說：〈我是一個垃圾桶〉……二七一
讀26說：〈我的恩怨情仇〉……二七四
讀27說：〈「可」與「不可」〉……二七七
讀28說：〈我解決困難的方法〉……二八〇
讀29說：〈我對問題的回答〉……二八三
讀30說：〈我訂定佛教新戒條〉……二八六
讀31說：〈我的自學過程〉……二八九

讀32說：〈僧侶修持的回憶〉……二九二
讀33說：〈我的發心立願〉……二九五
讀34說：〈我的寫作因緣〉……二九八
讀35說：〈我的生活衣食住行〉……三〇一
讀36說：〈我修學讚歎法門〉……三〇四
讀37說：〈我一生「與病為友」〉……三〇七
讀38說：〈我對生死的看法〉……三一一
讀39說：〈我要創造「人生三百歲」〉……三一四
讀40說：〈真誠的告白：我最後的囑咐〉……三一七
附件：我對因果與方孝孺誅滅十族的存疑和探究……三二五

左圖：參加二〇〇八年短期出家。

下圖：前排右一為本書作者。

上　圖：台北教師分會參加「佛光山佛學夏令營」，2015.7.15
台北金光明寺。

左下圖：左起：吳信義、鄭遵顗、本書作者。

右下圖：是佛光山台北教師分會會長劉學慧師姊（中）。

上　圖：2007 年全國教師佛學夏令營，信義師兄心得報告。
左下圖：右是信義師兄。
右下圖：四位佛光師兄，左起：信義、叔鑑、本書作者、俊歌，
2015.7.21，在臺灣大學鹿鳴宴餐廳。

上　圖：台北教師分會參加第 18 期生命教育研習營。（2007 年）
左下圖：參加第 18 期教師生命教育研習營（2007 年）。
右下圖：信義師兄（左）參加第 11 期教師生命教育研習營。

上　圖：影中人何在？今夕是何夕？何年何日再相聚？
左下圖：參加第 16 期教師生命教育研習營。
右下圖：師兄弟在佛光山，今夕是何夕？何年何月再相逢？。

上　圖：師兄弟在佛光山，2010 年 8 月。
下　圖：這位大師兄（左）是誰？多年不見了？

上　圖：參加 2009 年全國教師佛學夏令營。
下　圖：同上。

上　圖：參加 2009 年全國教師佛學夏令營。
下　圖：參加 2005 年全國教師生命教育研習營。

輯　一

群我關係：交友、人性、人心

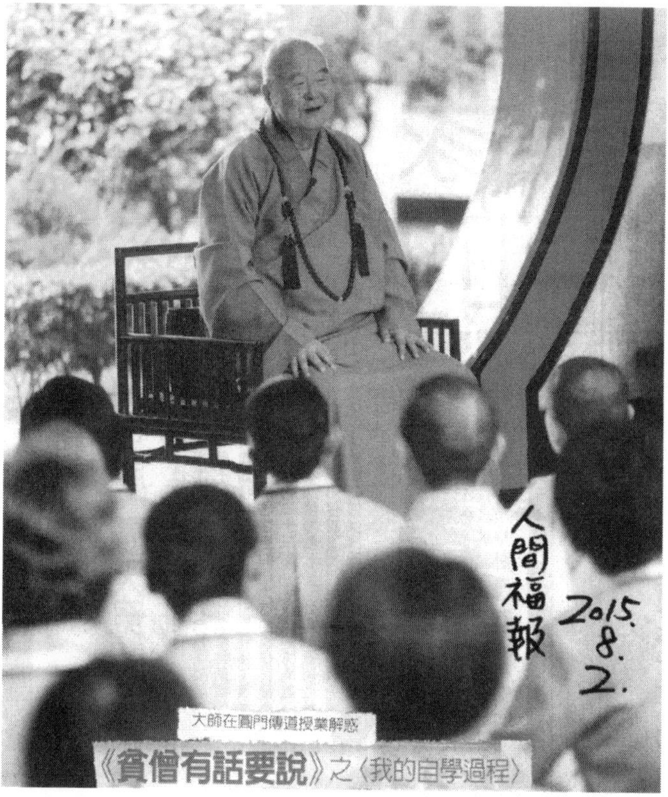
人間福報
2015.8.2.
大師在圓門傳道授業解惑
《貧僧有話要說》之〈我的自學過程〉

孫張清揚居士（中間寫字者）

菩薩是怎樣交朋友的？

師父有一篇文章標題〈菩薩交友〉，猝然一見，有些不解。菩薩還須要交朋友嗎？要交朋友就會出現「選擇」，要選擇就會有「分別心」，有了分別心就不是菩薩。所以，菩薩要怎樣交友？這實在是一個難題，何況《金剛經》亦說：「若菩薩有我相、人相、眾生相、壽者相，即非菩薩。」若菩薩與我等一樣要交朋友，是否即非菩薩？師父在文章中，先引《妙慧童女經》詩偈：

> 不以諛諂親善友，於人勝法無妒心；
> 他獲名譽常歡喜，不謗菩薩得無怨。

我們一輩子都在交朋友，每天參加種種活動，一年下來，普遍至少會接觸幾千個「朋友」，至於長袖善舞者，更不知道碰觸幾萬個朋友。以我為例，這些年來已將不必要的應酬，徹底進行「修枝剪葉」工程，集中可用時間於寫作，但最近整理名片簿，竟滿滿放了五大本，至少上千張名片。光是交換名片的「朋友」這麼多，加上未交換者，更不知有多少？我算很拙於交際的人，有私誼往來的，始終那幾人！

人人都想要交到真心誠意的好朋友，「不以諛諂親善友」，與善友相交不可用阿諛諂曲的態度，用這種心態與善友良友相交，是一種傷害。真正的君子之交，不須要虛意奉丞、不須要吹牛拍馬、不須要刻意討好；而是相互尊重，平等相處，更重要是真誠、體諒，正是所謂「能容諫諍之友，勿交阿諛之人。」

「於人勝法無妒心、他獲名譽常歡喜」，這兩句說來容易，能做到的人恐怕不多，但當菩薩就要這樣做。朋友學問比你好，錢財比你多，事業比你大，官位比你高，聰明才幹也比你行，你當如何？於人勝法無妒心，不必嫉妒，反要尊敬他、羨慕他！而且要「他獲名譽常歡喜」，要和他一同歡喜，有「沾光」的心態。

師父認為要有利益別人的習慣，這習慣很難養成。通常我們社會往昔的教育，都以利益自己為習慣，從未聞有那位師長、長官教你培養利益別人的習慣。今在這文意中，首次聽聞這樣說法，相信這習慣對師父一生能以「空手取天下」，是有極大的幫助的，我應設法朝這個方向努力，多少也要養成一點利益他人的好習慣。

師父說「有利益別人的習慣，就可以稱為菩薩。」菩薩有大小層次之別，如學生有很多層級，小學生到博士生都是學生，吾等可以做小學生、初發心菩薩。直下承擔「我是菩薩」，發心以外再要「不謗菩薩得無怨」，世間的善人善友都是菩薩，不可嫉妒、毀謗，不去造作惡業，這樣來處世為人，便永遠無怨。

直下承擔「我是菩薩」，菩薩要如何（指方法）與眾生相交，這應該是指菩薩要如何和所有的人交朋友！才能普渡眾生，師父引《大寶積經》詩：

菩薩於眾生，能為饒益事，
以清淨四攝，普遍諸有中。

菩薩要和大眾和諧相處，才能得到眾人愛戴。首先當然要饒益眾生，做對大家有益有利的事，例如給人因緣、給人方便、給人加持，才能叫做菩薩。菩薩運用「四攝法」使大眾受益，四攝是：喜捨、利行、同事、愛語。

◎喜捨攝：給的布施，財物、語言、精神都是布施。

◎利行攝：以幫助對方來獲得認同都是。

◎同事攝：以對方的喜好、想法相交，來得到認同。

◎愛語攝：以正面愛語讚嘆對方，獲得對方認同好感。

這四攝做起來極不容易，凡事都從對方去思考，簡直是違反了「生物思考邏輯」。但要當菩薩就得朝這方向去努力，除非你打定主意，這輩子就只當「一隻生物」，否則還是要努力於四攝，提升自己的人生境界。

「普遍諸有中」，菩薩利益眾生，要普遍對待一切有情眾生，人人都是一視同仁的好朋友，讓所有好朋友得到諸佛菩薩的功德利益。這之間是無分別心的，是「無緣大慈、同體大悲」的，沒有說誰才是朋友！誰不是朋友，誰又是怨！誰又是親！師父引《護國尊者所問大乘經》，解釋這個道理。

恒以軟語誘群生，怨親平等無分別，
無著無住亦如風，是求菩薩最上行。

原來菩薩的群我關係是這樣經營的，師父的「群我關係學」，幾乎是從菩薩身上完整的「考貝」出來，佛光山並不是「不小心搞大了」，而是有深厚的「菩薩群我關係學」做基礎的。

「恒以軟語誘群生」，軟語是身段柔軟的話語，是輕聲細語的愛語，這種言語，我們通常只說給「情人」聽，菩薩為什麼要用這種語言態度？我想菩薩定然是無分別的把眾生都當情人看待，眾生是朋友也是情人，菩薩愛一切眾生。師父詮釋何謂「柔軟語」呢？例如是慈悲的、道德的、安慰的、鼓勵的、向善的語言都是。「怨親平等無分別」，用平等心看待，對「怨」不必太計較，對「親」不要太過分。「無著無住亦如風」，做人不要太執著，對人不要有定見，人情如風，都會變的。只要做到以上這些，「是求菩薩最上行」，這便是菩薩道，最上乘、最圓滿的修行了。

菩薩是怎樣交朋友的？是把普天下的人都無分別的當好朋友，並無敵人和同志之別，亦無怨親之分，且不以諛諂親善友，於人勝法無妒心；言談間，恆以軟語誘群生，以清淨四攝利益眾生。啊！菩薩是有情眾生的知音。

註：〈不小心搞大了〉，是一部韓國電影，很好看。

怎能「不見人過」？

放眼台灣這個社會，貪污腐敗橫行，騙徒滿街作案，政客在上公然吃人，年青一代全然沒了根，中華文化丟光光，簡直成了邪魔歪道之島。更有近半的人，竟然連祖宗、血緣都不要了，忘了他是炎黃子孫，不承認他是中國人，說「台灣人不是中國人」，這種「忘八」，怎麼可能叫人「不見人過」？有一回在台大醉月湖，邊喝咖啡邊和一個老教授閒聊，都充滿著無力感。

就是不看大社會，仔細檢視自己的朋友同學圈，每日只做些吃喝玩賭事有之，盡幹損人利己事有之，出口不離三字經有之，霸凌弱小有之，拔一毛以利天下亦不肯為有之，專「穿人小鞋」有之……偏偏開同學會難免要碰到這些人，你要對他微笑，再說幾句「三分像人七分像鬼」的鬼話，或者就說叫「軟語」吧！但要說我「不見人過」，難度還是很高，還是很心虛！

難度雖然很高，還是要努力做一點，因為師父是這麼說也這麼做的，身為徒弟當然要學著做。百分百學到師父那個境界是不可能了，學到師父的一半也不敢想，但我自忖學到二分像是有點把握的，若我更努力也許可以學到三分像，我便算「成功」。師父引《緇門警訓》說：

不見他非我是，自然上敬下恭，
佛法時時現前，煩惱塵塵解脫。

這一偈從「果」上看，告訴眾生「不見他非我是」，做到後會是怎樣的結果？能做到的「回報」很多，包括得到群我和諧、佛法現前及煩惱解脫等。相信這個「獲利」很大，一個人要修「不見人過」，心中就有佛法，有佛法的人生就完全不一樣了：

◎懂得享受禪悅法喜，才能時時快樂；
◎生活中懂得發心布施，就會廣得人緣；
◎懂得持戒律己，就能守道不踰規矩；
◎事事忍辱，就有力量；

◎時時精進，則一切容易達成；
◎修習禪定，就能安住身心；
◎具足智慧，內心清楚明白，就能抉擇是非善惡。

佛法時時在心中，何愁不解脫煩惱？這就是「不見人過」的回報，得到的「果」。只是絕大數人是「他非我是」永恆堅持，佛法就遠離了，覺性悟性就全被蒙蔽，《大乘理趣六波羅蜜多經》說：

不說他人過，亦不稱己德；
智照無自他，當獲大名稱。

在群我關係中，任何做人處事，除不言人過，也要能不稱己德。往昔在軍中服務，最怕碰到一種長官，「有功稱自己、有過往下推」，這種人大家都討厭。吾國先祖常言「靜坐常思己過，閒談莫論人非」，又曰「以責人之心責己，以恕己之心恕人」，自己的品性道德才會增進，才有可能獲得眾緣，有因緣才可能成就事情。

「智照無自他，當獲大名稱」，一個有智慧的人，不是只見人過，而是見眾生的佛性，生起慈悲心，能自我觀照，做到自他兩利、自他平等、自他無別，離菩薩道越來越近了，好名聲不就來了。人人都想有好名聲，但好名聲那裡來？不是自我表揚吹噓而有，必需在群我關係中有好因緣、對人群有貢獻。這都得從不見人過、不稱己德開始，難度高，習慣就好，《大乘理趣六波羅蜜多經》又說：

不念他人惡，常思其善事；
智慧離分別，人中最第一。

群我相處相交，不念他人惡，常想他人優點，是很重要的，因為善緣往往從此開展。「智慧離分別」，就是前面講到不有分別心，才能「無緣大慈、同體大悲」，假如能脫離分別心，才是「人中最第一」。看來要當「上人」不容易，大師們常說「欲成佛門龍象，先做眾生馬牛」，又說「未成佛道、先結人緣」。

佛教講因緣法，一切都得從因緣、善緣開始，不問眾生過，先結眾生緣，你才是上人；否則，你要當下人嗎？如此一想，你就能「不見人過」。

罵不還口、打不還手？

在蔣經國時代，處理群眾運動，以「罵不還口、打不還手」為最高指導原則，但後來有人批評這樣顯得憲警太軟弱，恐助長社會暴力事件增加，不利於社會治安。有人舉民主先進的美國為例，憲警維護治安極強硬，暴徒膽敢攻擊憲警，馬上被一槍幹掉。

到底要怎樣做才對？以牙還牙？打不還手？只能說在國家這個大社會裡，有很多複雜、弔詭的問題，可能有各種策略考量，難有共同的標準。但就佛法的觀點，面對人我關係，主張「罵不還口、打不還手」，《彌沙塞羯磨本》曰：

若人打罵不還報，於嫌恨人心不恨；
於瞋人中心常淨，見人為惡自不作。

畢竟佛法與世間法不同，佛法講因緣、因果，人生一切作為都受因緣、因果制約，包括被打罵是否還以打罵？佛法認為被打罵不還報表面看似吃虧，實際得到利益很大，為什麼？（一）起碼眼前煩惱減少，因為回以打罵，就引來更大衝突。（二）不還以打罵是修忍辱功德，使自己功德增加。（三）從因果論看，打罵人者自己品德不良，遲早自己要承擔因果罪業。（四）從群我關係看，不要以牙還牙，是使自己做人處事、道德修養，達到更高境界，必能得到更多好因善緣，成就更大的事業。

「於嫌恨人心不恨」，人上一百形形色色，有很多你不喜歡的、討厭的。先練習不在口頭上給人難堪，慢慢改善態度，顯露自己的不嫌恨，再從心理上包容對方。

「於瞋人中心常淨」，對於令人瞋恨、有怨仇的，怎麼辦？先從外表練習，再到內心不起瞋恨，心中常保清淨，沒有報復的心理。

「見人為惡自不作」，看到別人幹壞事，不可隨之也起舞，內心有主見、有定力，堅持自我價值，這才是高人一等之處。反之，見人為惡自也幹，自己也成了惡人，所以打罵不還報，除前面四利，尚有第五大利益，你不會淪為惡人，《雜阿含經》曰：

以瞋報瞋者，是則為惡人；
不以瞋報瞋，不瞋勝於瞋。

這四句倡的觀念很重要，通了就懂了。瞋恨是壞的習慣，壞的品德，是惡人；你若回以瞋恨，豈不和他一個樣，你也成了惡人，你可是虧大了。反之，以一顆不瞋恨的心面對，慈悲、忍辱，不僅可以降服瞋恨者，對自己也是一種功德。所以，兩種比較權衡，不以瞋報瞋，不瞋勝於瞋。師父為讓大家更理解，說了一則《百喻經》上的故事。一隻烏龜住在池塘裡，正逢乾旱季節，眼看快要渴死，正好飛來一群雁子，烏龜請求雁子帶牠去有水的地方，雁子說：「要怎樣帶呢？」

烏龜說：「我弄根樹枝，請你們兩隻雁子啣著樹枝，我咬住樹枝中間。」雁子答應說：「好，不過你在路途上不可以講話，你一開口就會摔死。」烏龜說：「當然！當然！」

途中雁子飛過一個村莊，村裡兒童看見了，都驚叫起來說：「大家快看啊！一隻烏龜給兩隻雁子啣去了。」烏龜聽了立刻火冒三丈，開口大罵：「你們……」這一開口，下場大家就知道了。

在群我之間，我們會碰到很多人事都很難纏、很討厭，突然迎面的辱罵、霸凌，突來的莫名指責、攻擊，惡人壞蛋故意挑釁．．．怎麼辦？《發覺淨心經》說：

> 莫於他邊見過失，勿說他人是與非；
> 不著他家淨活命，諸所惡言當棄捨。

莫於他邊見過失，不要從一時局部單方論人功過，人家的是非不說不傳，也不要執著於人家那裡不好！那裡不淨！各人有各人的環境，各人事各人自己擔。最重要的「諸所惡言當棄捨」，別人的惡言如同送來的禮，我們不接受，禮物終究回到他身上。所以《四十二章經》說：「惡人害賢者，猶仰天而唾，唾不至天，還從己墮；逆風揚塵，塵不至彼，還坌己身。」所有毀謗、惡言加之於我們時，吾人不接受、不計較，還回到他身上，不必為別人一言而亂自己分寸！

遠離惡知識禍源，佛法的安全管理

師父寫了文章，教育我們這些徒子徒孫，要大家「罵不還口、打不還手」，讓大家的修行能提升到佛法的境界。只是吾等凡夫，總覺得那樣是否公平？

被打、被罵、被霸凌，乃至碰到各種災禍，都已是「果」上的問題，要免除這個「果」是不容的，「因」已形成，便會生出果。所以，師父常說要從「因」上解決問題，因是善的，果就是「好果」，師父從佛經上歸納出十種「禍源」要遠離，在群我關係、交友，若能從「源頭」開始注意，就是最好的安全管理，這十種要遠離的「禍源」如下：

（一）豪勢：土豪劣紳有權有勢，往往也是罪惡之處。

（二）邪人法：居心不良、邪惡之人，這種人要遠離。

（三）凶戲：險惡、可怕的遊戲、行為，經常也是禍源。

（四）旃陀羅：下賤、邪見、無知者，這種人常會惹禍。

（五）二乘人：即聲聞、緣覺，他們是消極厭世退縮者。
（六）不男：沒有大丈夫氣慨，不像個男人，妖裡妖氣。
（七）欲想：充滿貪欲，過於妄想，常會謀奪別人利益。
（八）危害：通常指小人，天天心存不軌，想要害人。
（九）譏嫌：常愛散播謠言、毀謗別人，這類人要遠離。
（十）畜養：指家裡不忠，心術不良的僕人。

以上這十大人群關係中的禍源，其實也是煩惱源，吾等在社會上走動交友，若能從這個「因」頭開始注意，確實是最好的安全管理，必能使你碰到「壞果」的機會大大減少，《大寶積經》說：

眾生互憎嫉，皆由十惱生；
於我及我親，三世俱惱害。

這十種煩惱禍源，讓人我間產生憎嫉，這種危害不僅禍及現在，更會禍及三世，可見其嚴重性。所以人們想要得到平安吉祥，就要從遠離禍源、不生憎嫉開始，只是世人並非個個有智慧，尤其年輕不懂，常被惡友所害，在《佛本行集經》這樣說惡友：

猶如在於魚鋪上，以手執取一把茅；
其人手即同魚臭，親近惡友亦如是。

這正如吾國老祖宗說的，「近朱者亦，近墨者黑」，除非很有覺性的人才可能近朱不赤，近墨不黑。但怎樣才叫「惡友」？師父在一篇文章叫我們遠離四種惡友。

（一）貪欲而假畏伏：這類朋友只看到利益，有利時假意順從，一旦目的達到，態度就全變了。

（二）有所求而說美言：這類朋友光說好聽的，交朋友只想要得到好處，朋友有難時，就開溜了。

（三）諂諛而敬順：這類的人，見有善事不會幫助，見有利可圖便趨承逢迎，對有義而無利的事立刻抽身。

（四）有圖樂而來：這類人只想拉著你吃喝玩樂，對朋友不會有進一步的情誼關心、付出，是損友、佞友。

《佛本行集經》四句偈說明，親近惡友，如在魚鋪上抓一把茅草，手上立刻充滿魚腥味，結交惡友的下場正是如此。

只是人在世間總要和很多人往來，可以說人從二、三歲的貝比開始，就有明顯的人際互動，直到臨終一刻還在交朋友，可能最後一個朋友是神父、和尚、道士或其他，一生會交往這麼多朋友，不太可能都碰到好人、好因緣，也可能碰到壞蛋、惡友，這可怎麼辦？師父引《大般涅槃經》說：

> 我遇惡知識，造作三世罪；
> 今於佛前悔，願後莫更造。

現代社會邪惡橫行，滿街騙徒，人人自危，看家家戶戶住鐵窗監牢當可知。交朋友更要小心，交了惡友要能盡早覺悟回頭，晚一步就來不及並造三世罪，正是所謂一失足成千古恨。是故，碰上惡友怎麼辦？唯一辦法是及時回頭，佛前懺悔，趕快檢討問題，發願今後遠離惡友禍源，生命才得有新生的機會，生活從此平安、自在、吉祥。

親近善知識好緣，交眞善朋友

在師父的文章和演講裡，除了教育徒眾遠離惡知識、惡友，從「因」上避開災難危險，這真是最佳、最終極的安全管理。

在另一方面，師父也積極教育大家要親近善知識，交真善友。怎樣才是善友？好比拔刀相助的義友，肝膽相照的心腹之友，患難與共的生死之交，直言相勸的諍諫之友，可以讓自己品德有所增長的師友。在佛教則有更高境界，《大寶積經》如是言。

能捨惡知識，親近善知識；
菩提道增長，猶月漸圓滿。

多結交有正信佛法修為的朋友，有助於自己菩提道的增長，漸漸領悟更多佛法真義，人生便如月之漸圓滿。可見交善友、親近善知識的重要，許多人走上歧途，誤上賊船，毀了自己也毀了別人，更害慘了家人，都和交上惡友有關。師父宣講《善生經》裡，有四種值得親近的善友，我們應該和這樣有德之人相交學習。

（一）見非即來勸止：這類朋友行為正直，真誠相交，可當成學習模範。當我們有過失，他會規勸並指點迷津。

（二）有同情慈愍心：這類朋友有同情慈愍心，當我們犯錯時，會替我們擔憂；當我們獲益，他和我們同歡喜。

（三）樂於助人：這類朋友樂於助人，我們有困難時，他會幫助；苦悶時，會耐心聆聽，給予安慰。

（四）苦樂不相棄：這類朋友為人忠誠，不因你榮華富貴或窮困貧賤，其態度就有所改變。這是很難得的善友，一般社會現象，多是發達了，官大了，就和不如他的老友遠離，刻意疏遠不相交了。

所以交朋友真是學問太大了，老祖宗說的「近朱者赤、近墨者黑」，道理大家都知道，只是在那當下都沒了警覺性，看不清誰是善友？誰是惡友？善惡並沒有寫在臉上。《佛本行集經》教大家，看「相」！

我略說友相，惡諫善勸行；
厄難相救濟，是名真善友。

「我略說友相」，朋友好壞能否從「相」上看出？我認為這要靠人生閱歷有些深度，或許可以，通常「相隨心轉」，碰到有壞心惡意的朋友，而你沒感覺，被他賣了，自己也要負責。用心選擇一個善友，比方有學問，但有學問還不行，必需有道德；有道德還不夠，必需對自己友好尊重。「惡諫善勸行」，當你作惡，朋友勸諫，用善巧方便勸自己要改進，遭逢苦難能相救濟，是名真善友。

人生一切的成敗，事業能做到何種程度！都和所交往的人有關。尤其想要成大功、立大業，絕非一個人孤獨的幹，而是結合一群善知識、善友，始竟其功！

佛陀爲諸大弟子說法

——遠離惡知識、親近善知識

師父在《佛教叢書》裡，講到佛陀如何利用機會教育，為諸大弟子說法，開示要遠離惡知識、惡友，以及親近善知識、善友的重要性。說法的對象還是頂頂大名有大智慧的弟子，如大迦葉、阿難等人，他們是當代有德高僧，尚且如是，何況吾等凡夫少智之人。師父首先說一則詩偈，關於佛陀十大弟子的功行。

舍智連通說富那，須空旃論迦頭陀，
那津天眼波離戒，阿難多聞密行羅。

佛陀十大弟子各有不同的第一功行，個人特色在僧團裡形成奇特的現象（小圈圈）。

舍利弗尊者帶領一群比丘一起經行；目犍連、富樓那、須菩提、迦旃延、大迦葉、阿難、阿那律、優波離、羅睺羅等，也各自帶領一群比丘經行。另外還有提婆達多（一個經常毀謗佛陀的惡知識），也有一群追隨者。

佛陀找到機會為各大弟子說：「善者與善者在一起，惡者與惡者在一起，就好比乳與乳相應，酥與酥相應，糞與屎尿各自相應的道理一樣。眾生也是同行相聚，各自相應。你們看見舍利弗率領眾多比丘在經行嗎？」

弟子們回答：「是的！看見了。」

佛陀又問：「你們看見目犍連率領另外的一群人在經行嗎？」

弟子們又回答：「是的！看見了。」

佛陀說：「他們都是具有神通大力的人。」

佛陀又問：「你們看見富樓那、須菩提、迦旃延、大迦葉、阿那律、優波離、阿難以及羅睺羅等人率領眾多的人在經行嗎？」

弟子們答道：「是的！看見了。」

佛陀說：「他們分別是擅長說法、解空第一、善於議論、少欲知足、天眼明徹、嚴持戒律、多聞總持、善行密行的人。」

佛陀再問：「你們看見提婆達多率領眾多的人在經行嗎？」

弟子們回答：「是的！看見了。」

佛陀說：「他們都是薰染惡行的人。」

佛陀環顧眾弟子，語重心長地說：「不要與惡知識、愚痴人共同做事，應當與善知識、智慧的人往來交遊。假如一個人原本沒有惡行，但因常親近惡人，後來必定形成惡因，而惡名滿遍天下。」

後來提婆達多所率的一群人，有三十餘人聽過佛陀聽法，都來向佛陀至誠頂禮，從此追隨佛陀修行，不久都證得阿羅漢果。

讀過師父這篇文章後，我覺得佛陀真是講了「重話」，不悟的人真是沒救了。同氣相求，物以類聚。親近善知識、善友，如入芝蘭之室，久而不聞其香；結交惡知識、惡友，如入鮑魚之肆，久而不聞其臭。交友豈能不謹慎乎？《緇門警訓》曰：

邪師惡友，畏若豺狼，

善導良朋，視如父母。

交到好友良師，可能成就你一生的功業，對國家民族社會都有正面價值，受人敬仰；反之，交到惡友邪師，那可就「一失足成千古恨」，不僅成為國家民族社會的敗類，更成為當代乃至後人臭罵的對象。這樣的實例，在當下的社會，甚至整個歷史，真是舉之不盡啊！在《佛說孛經抄》中，有〈朋友四品〉，不知讀者願成那一品？

友有四品，不可不知：

有友如花，有友如秤，有友如山，有友如地。

何謂如花？好時插頭，萎時捐之；
見富貴附，貧賤則棄，是花友也。

何謂如秤？物重頭低，物輕則仰；
有與則敬，無與則慢，是秤友也。

何謂如山？譬如金山，鳥獸集之，毛羽蒙光；

貴能榮人，富樂同歡，是山友也。

何謂如地？百穀財寶，一切仰之，施給養護，恩厚不薄，是地友也。

註：提婆達多，是佛陀的堂弟，他加入僧團後，一直懷有野心，想成為僧團的領袖。到佛陀老邁的時候，提婆達多要佛陀把領導權交給他，遭到佛陀嚴厲拒絕。

無爭無鬥無患、生物人類菩薩

自古以來，大家都想要交到好朋友，尤其交到知己知心的朋友，但這種「知音」可以說可遇不可求。歷史上曾經出現過「唯一」的典範，如刎頸之交（戰國時樊於期和荊軻）、無私之交（管仲和鮑叔牙）、知音之交（春秋時俞伯牙和鍾子期）、生死之交（春秋時左伯桃和羊角哀）、永伴之交（楊家將劇中的焦贊和孟良）、結義之交（三國時劉關張桃園結義）。

為何說這些典範是歷史的唯一？因為後人無從「考貝」，亦無可學之空間，或現代人不敢學、學不來。例如，樊於期和荊軻的故事，荊軻要去刺秦王，須要樊於期的人頭當大禮（樊是秦將，避罪於燕），樊二話不說立即拔劍割下自己的頭給荊軻。這樣的典範真是好友裡的「終極知音」，後人有敢學乎？

因此，像那些典範不僅是歷史的唯一，也是極特殊環境中的極特別個案，我們只能當成一種完美浪漫的故事聽，欣賞他們成仁取義的完美人格，無法成為學習榜樣。吾人不要成為「唯一」，要唯二、唯三、唯四……廣結善緣，與眾生結緣，這就須要放下身段，常行柔軟，《生經》：

> 若常行柔和，眾人所愛敬；
> 設結善友者，堅住無能動。

在人我關係中，「太硬」的性格無法與眾人相處，太怪的行為大家也怕怕。所以做人處事「忍辱柔和是妙方」，放下身段，謙虛、禮節、尊重、柔軟是必要的，眾人所愛敬，多結交善友「堅住無能動」，良師善友使我們堅強、安住，無所畏懼。放下身段，不與人爭，還可以「無恚於一切」，《僧一阿含經》偈曰：

> 無鬥無有諍，慈心愍一切；
> 無恚於一切，諸佛所歎譽。

我常對朋友說，人的性格養成後，要改變是極為困難的。人最常有恆存的習性是好鬥、好辯、好爭、計較、固執、吝嗇、吝惜、責人嚴苛、律己寬鬆等，這些是習性，眾生幾乎皆如是。其實，你若只想「今朝有酒今朝醉」，渾渾爾，噩噩爾，反正只有一輩子，死了就死了，好爭又怎樣？我固執奈我何？好鬥又怎樣？我贏了我拿，你輸了活該！那些習性也都無所謂，生物習性本來如此，即然是生物本性，就談不上是「缺點」，甚至你這些習性也可以說是「無缺點」，毫無須要改進的地方，即無缺點，要改什麼？

問題是「你只是一個生物嗎？」假如你有更多的悟性、覺性，你應該會上升到「人」的層次，或者再把層次拉高，願意成為一個佛教徒，願意承擔「我是菩薩、我是佛」，你的境界就完全不同了。師父往昔的演講、說法和他的文章，無數次的談這些命題，你成為一個佛教徒，表示你相信佛教的因緣、三世、緣起法等，人生不是只有一輩子，你的那些「人的習性、生物本性」，也會在自己有心修行、改進中，行為言談都不一樣了，你交朋友的境界也大大提高。師父引宋代汾陽無德禪師的詩，指出這種不良習性要改變的必要。

近見人多說是非，不能緘口道相依；

言他短處君還短，長短誰人自得知。

人若把自己降格在「生物」位階，真是很悲哀的，只能說他完全沒有悟性覺性，把自己從「人類」退化成「類人」，可悲啊！可悲！當「人」還不夠，只要是佛教徒，多少有點心意，願意提升到佛菩薩的位階，否則他不會成為佛教徒（這是我的假設）。

所以成為佛教徒後，群我關係（不管五倫或六倫）應該是不一樣的，與眾人相處交友，律己從嚴。師父最常提到的是《諸經要集》說的，「見人之過，口不得言；己身有惡，則應發露。」別小看這十六字，難度是很高的，別人有過不能說，也不要放心上；自己有過，要快表白悔過，以自己的誠意獲得人家的諒解。很不容易做到，但要努力做，否則你要怎樣當佛教徒？進而要怎樣向人說你是星雲大師的徒子徒孫？

關於「心」，怎樣管好這顆心？

常民社會有若干關於「心」的口語，如「人心隔肚皮」、「人心難測」、「最毒婦人心」等，表示人的這顆心真有些難纏。說到「最毒婦人心」，老夫也有話要說，古今中外，以惡毒手段害死人的，多的是男人，甚至按情理判斷應該是男人多於女人，為什麼不說「最毒男人心」？顯然有故意醜化所有女人的嫌疑。

以「半斤八兩」算，男女都有部份真有一顆很毒的心，其心比禽獸不如。但從佛教論述，人人皆有佛性佛心，要成菩薩、成佛或修行到一個境界，還是要靠這顆心，《六祖壇經》說心：

菩提自性，本來清淨，但用此心，直了成佛。

自心常生智慧，不離自性，即是福田。

不識本心，學法無益。

為何「不識本心，學法無益」？因為不識本心是尚未證到本心之前，所了解的心是「意識心」，意識心並不是本心；等更上層樓證到本心，就是真心，禪宗說的「作主人翁」。真心、本心證到後，便能證入般若、法身的境界，這個境界當然是很高的，我只能寫寫讀書心得。不管怎麼說，成為佛菩薩和成為禽獸，都是同一顆心，同樣的人心。這也可見，人心真的很難搞定。師父在一篇「心像什麼？」的文章，引《達摩多羅禪經》說：

心猶不調馬，如幻如猿猴，
無量因緣相，一切現所依。

原來人心是一隻未經調伏的馬，頑劣不羈。又像一隻靜不下來的猿猴，時刻都想要飛天跨海。難怪王陽明說：「擒山中之賊容易，擒心中之賊難」，這些高僧大德思想家們，把人的這顆「心」，以頑馬、猿猴和賊形容之，可見這心確實很難搞定，難怪天底下到處是毒心、黑心，佛陀說這是五濁世界。

「無量因緣相，一切現所依」。但不論好壞善惡黑白，佛教認為萬法從心生，師父常說你前一刻高興歡喜布施，天堂就出現了；後一刻煩惱痛苦罵人，地獄就出現了。所謂「三界唯心、萬法唯識」，世間萬有，森羅萬象，都是因緣心識所生。《華嚴經》說：「心如工畫師，能畫種種物；五蘊悉從生，無法而不造」，只要心想要什麼樣的世界，心就可以創造出什麼樣的世界。

心有創造一切的可能，也有變黑、變白、變善、變惡的可能，所以這顆心不好管。偏偏要管好這顆心，不能靠父母師長來管，不能委託管理顧問公司管，唯一的辦法只有自己管好，自己調伏這隻「頑馬」。師父在〈調伏自己〉文章中，引《雜阿含經》偈說：

利刀以水石，直箭以溫火；
治材以斧斤，自調以黠慧。

調伏自己的心性，要有智慧、有方法，如「利刀以水石」，如「直箭以溫火」，如「治材以斧斤」，才能創造出適合自己使用的好產品。「自調以黠慧」，自己是怎樣的資質材料的人，有什麼優缺點、好壞習性，自己應有所了解，才好自己調伏。師父舉例幾種途徑。

◎貪欲心重的人，要觀想世間的不清淨，以不清淨觀來治貪欲。

◎瞋心重的人，以慈悲觀來調伏，用慈悲法水來熄滅瞋恚之火。

◎心性較愚癡、執著的人，對事理不明白，也不懂人我關係，對事情的輕重善惡是非分不清，須以因緣觀對治調伏。

◎假如心性散亂，用數息觀對治，念頭集中在出入息和呼吸計數上，一呼一吸叫「一息」，調息深長，若有似無，精神便可集中而不亂。

◎如果妄想多的人，可用念佛觀來對治，以正念對治妄念。「阿彌陀佛！」讓佛號在心中持續不斷，妄念煩惱也會漸漸去除。

眾生心性都很散亂，很難搞定。但凡事有方法，上月球去火星都有一定的方法，人生立身處事、成功立業首在這顆心。要管好這顆心，能不用方法乎？

我們跟隨佛陀去賣花

每個人都有職業或事業，除了維持生活，有的人更希望做出大事業，層次再高的是完成自我實現，乃至國家民族的春秋大業。所以世上眾生千百億，每個人的心性都不同，有的人只要混一口飯吃就滿足了，一人吃飽全家吃飽，多好！天塌下有高人頂著；換另一人，他就有「頂天」的使命感，他自認天生就是來頂住天的，這也很好！如此才彰顯人間「生物多樣化」的可愛。

佛陀是做什麼的？他的職業又是什麼？他不就是我們的教主嗎？我小時候看《西遊記》、看《如來神掌》電影，對佛佩服的不得了，覺得他是全宇宙間最厲害的神。後來長大了，初讀《金剛經》，在〈法會因由分第一〉就叫我想不通，「爾時，世尊食時，著衣持鉢，入舍衛大城乞食……」我想了很久，佛陀還須要吃飯嗎？何況還要親自乞食！這麼多弟子是做什麼的？……

接觸佛光山多年後，慢慢讀些師父作品，聽許多法師上課演講，愚笨的心才逐漸懂一點。更神奇的，師父竟說「我是佛」，人人都可以是佛，佛陀是賣花的，我們跟隨佛陀去賣花：

木樨盈樹幻兼真，折贈家家拂俗塵；
莫怪靈山留一笑，如來原是賣花人。

——清・澄波

「木樨盈樹幻兼真，折贈家家拂俗塵」，木樨是桂花，看起來如幻似真，摘下可供佛、可美化環境，使氣氛高雅，花是真善美的化身，讓人抖落一身俗塵。

「莫怪靈山留一笑，如來原是賣花人」，大迦葉在靈山會上，透過對佛陀的一笑，繼承了佛陀的正法，佛陀藉花傳道，故幽默說：「如來原是賣花人。」

師父對這首詩的詮釋，要我們要做人，在群我關係任何對象，何妨做一朵花，如佛陀在靈山拈花，以花傳道，以花給人美好的感覺，師父藉「如來原是賣花人」的弦外語意，有如下的叮嚀：

◎做人像一朵花，給人欣賞，給人芬芳和美感。
◎不要像一根刺，逢人傷人，理事害事。
◎給人信心、給人歡喜、給人希望、給人方便。
◎與人相處，不給人失望、不給人灰心、不給人煩惱、不給人生氣、不給人難堪。

佛光人要像一朵花，給人芬芳喜悅，佛陀可以賣花，我們為何不能跟隨他賣花？何況你是佛、我是佛、大家是佛。師父引《華嚴經》說，心佛眾生三無差別：

心佛及眾生，是三無差別，
諸佛悉了知，一切從心轉。

「心佛及眾生、是三無差別」，十法界中最高有「佛、菩薩、聲聞、緣覺」四種聖者，還有「天、人、阿修羅、地獄、餓鬼、畜生」六種凡夫。這四聖六凡同在一顆心，所以心、佛、眾生，三無差別。

十法界在何處？在宇宙間，也在我們心裡，覺悟的心就是佛，未覺悟的心就是眾生。

只要眾生去除無明煩惱，便能顯現佛性，願意直下承擔「我是佛」。「諸佛悉了知，一切從心轉」，十方諸佛都了知，十法界的一切，都是從心所轉，隨心所現。是故，吾人要善護其心、善調其心、善用其心，《洞山悟本禪師語錄》說：

眾生諸佛不相侵，山自高兮水自深；
萬別千差明底事，鷓鴣啼處百花新。

佛和眾生無差別，只在迷悟之間，悟了是佛，迷了是眾生，佛與眾生不相侵，如山自高水自深。「萬別千差明底事」，眾生各有不同，佛性一如，大家都各自圓滿各自的因緣果報。「鷓鴣啼處百花新」，從鷓鴣鳥叫聲中，我們嗅到春天百花開的氣息；若我們泯除世間的分別意識，就能感受生命處處有芬芳的花香。

讓我們成為一朵花，給人芬芳，給人微笑，你是靈山一朵花。我們也追隨佛陀去賣花，佛光人期許自己做得比佛好，花，只送不賣！

心、身、人與非人

科學家到目前尚未發現宇宙間，除了人以外還有所謂「智慧生物」，只能判斷有，並未證實或發現有。所以，可以斷言到目前為止，人是宇宙間智慧最高的物種。

多年來「地球第六次大絕滅」議題，不僅科學家在討論，一般人也關心。我注意到的是，地球在前五次的滅絕中，所有滅絕的生物，沒有「類人」，更沒有「人類」。換言之，人類是地球誕生以來四十五億年中，唯一的「智慧生物」，也是智慧最高的物種。

從科學上的研究證明，成為「人」是很難的，廣闊的宇宙只有我們是人，地球有史以來幾億種生物，也只有我們是人。我聽師父們講最多次的，就是人身難得，引《大寶積經》說：

善得人身甚為難，莫為此身造眾惡；

畢竟塚間餧狐狼，切勿惡見生貪愛。

在《雜阿含經》有一則譬喻，形容人身難得：能夠成為人身，就像在無邊的大海，有一隻盲烏龜，牠的壽命無量，每隔一百年才探出水面一次；大海中有一根浮木，浮木有個洞，盲龜必需遇到這根浮木，而且頭正好要穿出浮木的小洞，這種機率是多麼渺茫，可見獲得人身是多麼困難！真是比在宇宙虛空中碰到外星人還難。佛經中也說，「得人身如爪上泥、失人身如大地土」，然而，你現在已是人身，莫為此身造眾惡。古德常勸人說，「人身難得今已得，佛法難聞今已聞，此身不向今生度，更向何生度此身？」我們不把握今生的因緣修行，尚待何時？

「畢竟塚間餧狐狼」，人生歲月如梭，這個身體很快就灰飛煙滅，或在荒野餵狐狼，不久也剩一堆白骨。「切勿惡見生貪愛」，得人身雖難，至少是有機會；若執著惡見，沈溺貪愛，為此身造下罪業，就難以再回復人身了。之所以有這種下場，通常是那顆執迷不悟的「心」，心帶壞了身，師父有一篇文章「心為身主」，引《佛本行集經》說：

此身動時由心轉，應先調心莫苦身；

身如木石無所知，何故隨心而困體？

心是身體的主宰，佛經常說心如國王能行令，就是指人的一切行為都來自心的啟動，心想吃飯才去吃飯，心想禮佛才會去禮佛。所以才說身動由心轉，應先調心莫苦身，「身如木石無所知，何故隨心而困體？」人死後身體無知無覺，吾人不該在活著時，任由心的驅使而讓身體百般辛苦。故六祖惠能大師才說：「愚人調身不調心，智人調心不調身」，聰明人只要管好自己一顆心，身體就不必去受苦受難。

有了一顆心，也有了人身、人形，卻仍未必是個「人」，乃至還被罵「不是人」，佛經中叫「人形獸」，如同常民社會有人被叫禽獸一樣。說來說去還是「心地不好」使然，若好好管住這顆心，有一顆慈悲心，怎會成禽獸？這道理很簡單。

另外在群我關係中，與眾生相處，與朋友相交，與同事合作，在大眾中有一種叫「非人」，即不像個人，也深值警惕。在《阿含經》中，就有四種「非人」：

應笑而不笑，應說而不說，
應喜而不喜，應作而不作。

「應笑而不笑」，團體中大家都在笑，就你一人不笑，你可能性情古怪，無法合群隨眾，不易有人緣。「應說而不說」，有些話應說卻不說，不該說的說一堆，這在人群裡也是非人。「應喜而不喜」，大家都歡喜的事，就你不歡喜。「應作而不作」，該做的事不去做，吝於幫助人，都是非人。在我們身邊有不少這四種非人，不隨緣的人、不隨喜的人、不隨作的人、不隨笑的人。這四句偈，讓我們時時檢查自己，不要在團體中成為格格不入、孤僻怪異，又不合群的「非人」。

普賢菩薩的第九願「恆順眾生」，正好給我們引導啟示，要隨順眾生，培養「隨緣合眾」的性格，與眾人的苦樂同苦樂，與眾人的喜笑同喜笑，你一定就是人，也是佛。

輯 二

因緣果報、無相布施、三業自淨

高雄中等學校評鑑人員評審由大師所創辦之
普門中學為優等學校。1982.3.12

大師因朱殿元居士（大師身後）的一席話：「您是我們的師父，地位比博士還崇高，為什麼還要去攻讀博士學位呢？」遂放棄赴日留學，全心弘法利生，而有臺灣佛教五十幾年的繁榮。前右一為月基法師。1958.11

緣、因緣

緣、因緣、因果、緣起法，是佛教最重要的理論，有完整的思想體系，很多人誤以為這些是佛陀的「發明」。正確的說，是佛陀覺悟後的「發現」，這些道理本來就存在宇宙間，所以也可以說是佛陀發現的真理，這是宇宙間萬事萬物形成的真理，而佛陀是發現者。

如同牛頓是「發現」地心引力，而不是「發明」地心引力，他之前從未有人知道為什麼「蘋果會往下掉」？為什麼不往上掉？向上飛？但星球、星系及一切物體都有引力，也是宇宙間的真理，牛頓發現的，稱為萬有引力。

萬有引力也好，因緣法也罷，都是宇宙間真理，億億年來都是存在的，思想家們只是「發現」而不是「發明」。若牛頓不發現萬有引力，萬有引力依然存在並運作著；佛陀不發現因緣法，因緣法依然存在並運作著，眾生也依然受因緣因果制約。因為如此，佛陀在《金剛經》裡與須菩提的對話，一再強調「如來無所說」、「所謂佛法者，即非佛法」、「若人言如來有所說法，即為謗佛，不能解我所說故。」這個道理，如同吾等言地心引力是牛頓法、牛頓說的法，即為謗牛頓，其理相同。

說因緣、緣起是宇宙真理，是指自有宇宙以來，所有星系、星球、萬事萬物、一切眾生的形成，都是因緣而起。諸君若看過電視Discovery節目，當代最偉大的科學家霍金（Stephen W. Hawking），講宇宙、時間源起等，早已論證宇宙從大爆炸至今各界萬物眾生，都是因緣而生，因緣而滅，並非上帝或那個神創造了宇宙世界，因為世界（空間）、時間、能量，都是大爆炸之後才有，大爆炸之前「無時間」，所以也沒有時間讓上帝創造什麼！

師父有許多關於因緣、緣起的文章和講話，仔細看師父的文章，還以為他和霍金同是天文科學家。在一篇叫〈緣〉的文章，師父引《緣生論》偈說：

藉緣生煩惱，藉緣亦生業；

藉緣亦生報，無一不有緣。

世間萬有都因緣而生，煩惱當然也是。人為何會有煩惱？當然由緣而來，緣是時空關係、條件、因素的合成才產生煩惱。如五欲（財色名食睡）、六塵（色聲香味觸法）、三毒（貪瞋痴）、五蓋（貪欲、瞋恨、愚痴、掉舉、疑慮）等，都會障蔽我們的覺知，引發煩惱。

「藉緣亦生業」，五趣、六道的業果，也是過去的業緣所致。「藉緣亦生報」，有了因，有了緣，自然會得出果報，故世間「無一不有緣」，一切事情的結果都是前面因緣造成。為何找不到工作？為何失業？為何生病？為何考不上好大學？為何青春荒廢了？為何的為何？必然都有自己造下的種種前因。吾國梁朝僧祐〈德迦譜〉曰：

一切諸法本，因緣生無主，
若能解此者，則得真實道。

如霍金論述宇宙大爆炸後，一切萬有的形成，諸法之根本，並非由誰來主導或創造，而是因緣造成的，宇宙間的真實道理，不過是如此的簡單。花之成為一朵花，因有種子、泥土、陽光空氣水等因緣而成。同理，人的誕生、成長、生死．．．都離不開因緣，「若能解此者，則得真實道」，領悟了因緣法，就懂得群我關係、眾緣合和的妙義，轉愚癡為智慧。《入楞伽經》亦說：

> 諸因緣和合，愚痴分別生，
> 不知如是法，流轉三界中。

世間萬有「緣聚則成、緣散則滅」，因此佛教最強調廣結善緣，要「未成佛道、先結人緣」。當初釋迦牟尼佛在菩提樹下金剛座上，夜睹明星而成正覺，所悟得的宇宙人生真理正是因緣法，

星雲大師與澳門特首崔世安博士（上圖右，圖／人間社記者覺仁）及澳門文化司長張裕（下圖右，圖／人間社記者心成）相見歡。

星雲大師應邀在澳門大學演講。
圖／人間社記者

並流轉三界中。愚痴者有分別心，不知因緣法，就會生出種種煩惱，起惑造業不止，深值警惕之！

因為宇宙萬有都是因緣起，人生萬事也是緣聚則成。所以，人生最可靠的保障、財富，就是結善緣。二〇一一年五月一日，師父在澳門大學講這個道理。讓我想到有人投了很多保險，存很多錢為了養老，但老了成為孤獨老人住在五星級養老院，兒女都離得遠遠的，內心很痛苦，這大概是往昔沒有從「因」上，去結善緣吧！

說因道果

因果其實是很平常的道理，看看所有的科學、學術研究，那些論文、報告，不都在處理或證明「A變項」、「B變項」與其他變項等關係，探討其間的因果。或更簡單的因果，沒吃飯所以肚子餓，吸毒被抓去坐牢，性情怪異不合群導至幹不下去失業……凡此，皆是因果，這類因果大家都相信。

這是「短期因果」，時空因素限制在一天、幾天、幾年或最多數十年間，在人的眼睛知覺可見可感範圍，或科學實證範圍，人容易相信。但為何時空拉長到前世—今生—來世，乃至生生世世的因果業報，很多人就不相信了。問題還是出在證明和解釋，我個人喜歡慧開法師著，《生命是一種連續函數》（台北：時報出版，二〇一四年六月），該書用數學、物理概念解釋。

所謂的無解，只是集合（Set）或定義域（Domain）太小，即思維層次太低，提到較高階思維，很可能迎刃而解。（趣者可自行參閱該書）所以因果千萬不要「鐵齒」，慈航菩薩詩偈說：

法性本來空寂，因果絲毫不少；
自作還是自受，誰也替你不了。

這是一九五四年慈航法師圓寂時的遺偈，意思說自性本來空寂，一切都是因緣生，自己造的善業惡業，最後只能自作自受，誰也無法代替承受善惡果報。可見因果很現實，也很可怕，師父就常告訴大家，你可以不信佛，但不能不信因果。你不信佛，佛祖不會責怪，但你不信因果，後果可就嚴重了，可能會造下很多惡業，因為有因必有果。因此佛門有句話「菩薩畏因、眾生畏果」，菩薩知道因的可怕，謹防不造下惡因；一般人不懂又不知，造業時都不怕，等到惡報臨頭就後悔，早知當初．．．．吾國大唐寒山大士偈說：

生前太愚痴，不為今日悟；

今日如許貧，總是前生做。
今生又不修，來生還如故；
兩岸各無船，渺渺應難渡。

對於三世之間的因果關係，另一偈也說得很好：「欲知前世因，今生受者是；欲知來世果，今生做者是。」所謂「兩岸各無船」，指前世今生都不努力修行，人生便如生死海的兩岸，沒有可以渡的船。怎樣把三世連接起來？怎樣把生死兩岸用「法船」連接？佛法就是得渡的船，佛法也是慈航。

從前面「沒吃飯所以肚子餓」，到三世間的因果關係，都是因果，並無不同的因果關係，差別只是「定義域」（視野）高低而已。故因果是亘古不變、萬劫常新的真理，從國家民族興衰，到個人得失成敗，都無從逃離因果的制約，也只有「因果」二字可以解釋。吾人若仔細觀察四周親友、團體、黨派的成敗，多多少少可以看出一些因果關係，《因果經》說：

富貴貧窮各有由，夙因緣分莫強求；

未曾下得春時種，空守荒田望有收。

很多人誤解佛教是宿命論者，真是誤解太大了。從因果論看，至少有以下多項「高價值」意義：（一）養成自己為自己行為負責的好習性，佛法的「自己作業自己擔」是很確定的，自己造因必自己收果。（二）人生的富貴貧窮要自己努力，沒有誰或神明能主宰，想要有收穫須自己播種結緣耕耘。（三）師父常勉人「做己貴人」，也是居於因果自負，禍福自造的原理，自己就是命運的建築師。（四）所謂「菩薩畏因、眾生畏果」，期許大家從「因」上解決問題，避開禍源，才是最佳的安全管理。（五）因果是非常科學的通則，任何因必有果形成的，任何果必有一些前因，這種科學訓練可使人頭腦清醒有理則。

富貴從布施中得來，貧窮由於慳貪而沒有喜捨心；春天不播種，秋天那有收成，空守荒田不會有結果。你說這是佛法也好，宇宙真理也罷，其實就這麼簡單的道理。

關於因果、三世輪迴，西方在《舊約》和《新約》也有記載，早期教會神父也接受。可惜羅馬帝國君士坦丁大帝（Constantine the Great, 272-337），於公元三二五年下令刪除，他認為輪迴觀會破壞基督教信仰。

到了公元五五三年，羅馬天主教會召開第二屆君士坦丁堡大公會議，又正式將輪迴判定為異端邪說。因此，西方文化在往後的一千五百年，人民完全不相信輪迴。但不相信的事不表示沒有，以往人類也有幾千年不相信地球是圓的。近數十年，超心理學、精神醫學發達，因果輪迴轉世又成為現代思潮。（詳見慧開法師著，《生命是一種連續函數》）

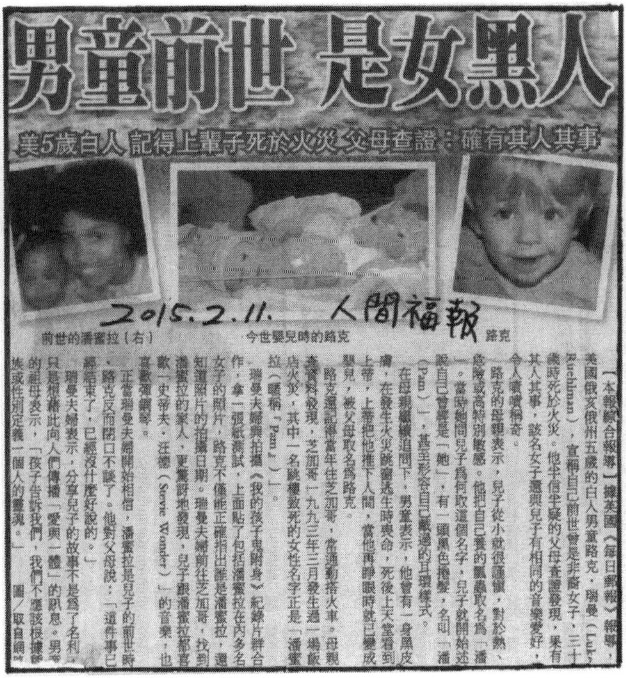

男童前世 是女黑人

美5歲白人 記得上輩子死於火災 父母查證：確有其人其事

前世的潘蜜拉（右）　今世嬰兒時的路克　路克

2015.2.11. 人間福報

【本報綜合報導】據美國《每日郵報》報導，美國俄亥俄州五歲的白人男童路克．瑞曼（Luke Ruehlman），宣稱自己前世是非裔女子，三十歲時死於火災。他半信半疑的父母查證發現，果有其人其事，該名女子還與兒子有相同的音樂愛好，令人嘖嘖稱奇。

路克的母親表示，兒子從小就很聰慧，對於熱、危險或高特別敏感。他把自己養的寵物取名為「潘」。當時她問兒子為何取這個名字，兒子就開始述說自己曾經是「她」，有一頭黑色捲髮，名叫「潘（Pam）」，甚至形容自己戴過的耳環樣式。

在母親繼續追問下，男童表示，他曾有一身黑皮膚，在發生火災跳樓逃生時喪命，死後上天堂看到上帝，上帝把他推下人間，當他再睜眼時就已變成嬰兒，被父母取名為路克。

路克還記得當年住芝加哥，常通勤搭火車。母親查資料發現，芝加哥一九九三年三月發生過一場飯店火災，其中一名跳樓致死的女性名字正是「潘蜜拉（暱稱『Pam』）」。

瑞曼夫婦與拍攝《我的孩子鬼附身》紀錄片劇合作，拿一張紙測試，上面貼了包括潘蜜拉在內多名女子的照片，路克不僅能正確指出誰是潘蜜拉，還知道照片的拍攝日期。瑞曼夫婦前往芝加哥，找到潘蜜拉的家人，更驚訝地發現，兒子跟潘蜜拉都喜歡「史帝夫．汪德（Stevie Wonder）」的音樂，也喜歡彈鋼琴。

正當瑞曼夫婦開始相信，潘蜜拉是兒子的前世時，路克反而閉口不談了。他對父母說：「這件事已經結束了，已經沒什麼好說的。」

瑞曼夫婦表示，分享兒子的故事不是為了名利，只是想藉此向人們傳播「愛與一體」的訊息。男童的祖母表示，「孩子告訴我們，我們不應該根據種族或性別定義一個人的靈魂。」　圖／取自網路

從因解決問題、不能廢除死刑

台灣社會永遠存在許多無解的問題，導至政局動亂不安，社會秩序形同失控，人人都像是一顆「不定時炸彈」，佛陀都拆除不完的「未爆彈」。為何會如此？深思之，就是大家都不從「因」上解決問題，於是天天爆出一堆「惡果」，收拾不完的一堆惡果，又爆出一堆爛果，跟著掉下一顆大毒果，社會不安，人人自危……

以統獨之爭來說，許多人（至少全台半數人以上）不知「因」，自己的源頭何在？炎黃子孫的血緣，中國文化的背景，你從小讀聖賢書，所學何在？孔孟李杜和你同一國人是恥辱嗎？你竟忘了祖宗血脈，這是你之所以為人的因緣源頭。而你全不要了，丟了！你沒根了！你是誰？你不識父母祖宗，罪過罪過！惡因必有惡果！

再以死刑存廢問題看，世人都沒有從「因」上解決問題，甚至因果顛倒論述，單純以為廢死才是文明，這是錯誤的思維；應該說「社會沒有兇殺案，大眾免於恐懼，這才是文明。」慧開法師在〈再論死刑存廢問題〉一文，有詳細論述。從各種研究都很清楚地說明，要有足以懲治罪犯犯行的刑罰，才能維護社會正義、安定人心，也才能產生真正的教育意義和社會價值。

西歐各國（歐盟主要國家）常自以廢死為文明國，質疑台灣不廢為不文明，為什麼他們殺人犯罪率大多高於台灣？廢死不能代表文明的全部，也不是普世價值。慧開法師從三世因果看問題，對死刑存廢有精彩論述：

我的基本立場是「不贊成」廢除死刑。我甚至主張，殺人兇手應當「好漢做事好漢當」，應該「以死謝罪」。乍聽之下，很多人會質疑出家人怎麼會那麼不慈悲？

其實，我正是站在佛教三世生命觀的慈悲立場才這麼說，被害人的冤屈如果沒有得到關懷與化解，必然會一直延續下去，即使跨越時空也不會消散。遺憾的是，在現實的世界中，被害人的怨氣卻幾乎得不到應有的關懷，更談不上化解。世俗所謂的「殺人償命」，其實不足以化解被害人的怨氣，兇手還需要有更進一步的生命功課要作。如果兇手能夠真心誠意地懺悔，並且願意「以死謝罪」，被害者的怨恨才可能了結。換言之，殺人兇手不要將死刑當作是法律的懲罰，而是將其看作是「贖罪的生命功課」，坦然面對，這段恩怨才可能化解。

最後在文章的結論中我說道：「在所有這些相關課題尚未釐清與解決之前，在台灣實在不宜輕言也不應妄言廢除死刑。」然而，在上（五）月底發生劉小妹不幸遭襲犯冷血兇殘割喉致死慘案之後，再回過頭來看，自覺之前我的結論有「鄉愿」之嫌，如今我要修正原先的立場與看法，並且公開嚴正地主張：「堅決反對廢除死刑。我也呼籲沉默的大眾，勇敢地站出來大聲表達我們沉痛的心聲！

從因果觀來體察台灣社會所發生的兇殺案，確實沒有在「因」上把問題解決，殺人者不償命、不道歉、不悔過，死拖活施幾十年，被害者怨氣無從消散化解；恩怨就一直存在，輪迴下去，永無寧日，永世難了！整個社會的惡果、爛果、毒果，收拾不完。吾人再想到「菩薩畏因」的道理，師父在〈畏因〉文章引《大般涅槃經》曰：

從因故升天，從因墮惡道；
從因故涅槃，是故皆有因。

世間萬事萬物都有最初的因，不可小看小小的一個因，一朵美麗的花、一棟房子的建成，都是很多因加上很多緣而成。所以，「因」是形成萬事萬物（果）的主要力量，「緣」則是存在的各種關係。「從因故生天」，因為種下很多生天的因緣，故有生天的福報。「從因墮惡道」，造了很多惡因，只好墮入地獄，誰也救不了。「從因故涅槃」，證悟涅槃，也要從因開始，先種下解脫之因。「是故皆有因」，世間一切都會有起因。

佛教的三世生命觀，「欲知前世因，今生受者是；欲知來世果，今生作者是」，是一種「連續函數」的生命觀點。是故，前因沒有處理好，如殺人案件，殺人者不僅未償命，西方的人權思想還一味「保護兇手」，等於對受害者進行二次、三次傷害，這是何其顛倒詭異！

小結本文，廢除死刑完全顛倒因果，不文明、不合正義、違背人權、傷害人道，尤其違反因果。當代思想家們、有權力的決策者，應深思之，勿造惡因惡果！

布施法門：眞假與選擇

初識「布施」，以為把錢財東西給人就是布施，深入理解才知其中有大門道，有真假、有選擇，功德有區別。師父常說「給人一個微笑」也是布施，在〈真心布施〉文章，師父先引《摩訶僧祇律》偈說：

> 真金百千擔，持用行布施，
> 不如一團泥，敬心治佛塔。

純金千百擔是多少？以目前金價一兩幾萬元，千百擔可能幾十噸重，總價可能千億台幣以上。但為何以這樣的大錢財持用布施，竟不如一團泥，敬心治佛塔？

關鍵在心意是否真心布施？乃至有相無相之差別。這說明了布施做好事，當心、田、事不同的時候，功德就有大小勝劣。舉一例，甲乙二人布施相同金額的錢，而功德完全不同，為何?甲布施的錢拿去救苦救難，等於布施的「功德田」裡長出更多寶貝。反之，乙的錢給人拿去吃喝嫖賭，不僅沒有增長功德，反是造下罪業。

又例如，一方是真誠布施，並已盡力；而一方是不得已的布施，僅其九牛一毛，又貢高我慢的心態，好名好利，要人感謝回報。這二者的布施，其功德有勝劣的不同。師父常說「貧女施燈」的故事，佛陀到一地講法，很多人點燈供養佛陀，有錢人點最大的燈。有一貧女全部錢財只有一毛錢，她點一盞小的不能再小的小燈供佛，結果她的燈比所有的燈都亮，亮度照亮了三界。大家都很疑惑，佛陀說：「她傾其所有至誠的布施，感動眾神啊！」所以，布施時的心意、心態很重要，深植佛弟子學習。《妙慧童女經》偈說：

應時行施無輕慢，歡喜授與不希求；
能於此業常勤修，所生當獲大財位。

布施應無輕慢心，不求回報。六祖惠能大師在《金剛經解義》中說：「布施應有純淨無染的心，一是不求身相端嚴，二是不求五欲快樂。為內破慳心，外利一切眾生。」所謂「無相布施」，即布施時「無布施的我」、「無受布施的人」、「無所布施的物」，此是「三輪體空」。無相布施的功德，才是無限功德，這個境界很高，趣者可自行研讀星雲大師著，《成就的祕訣：金剛經》（台北：有鹿文化出版，二〇一一年二月二十一日）。

布施的學問可大了，除了心態、心意，也有選擇布施的對象。除了考量錢財出去後用途是否正當？功德也有差別，《大毘婆沙論》曰：

> 五欲壞眾生，如田有穢草；
> 施無貪欲者，獲勝果無疑。

「五欲壞眾生，如田有穢草」，五欲（財色名食睡）會讓人沉淪惰落，損壞我們的慧命，如田裡雜草，影響到功德禾苗的成長。吾人為善，如在細心照料功德禾苗的長大，注意灌溉施肥除草，功德才能有成就。

「施無貪欲者」，是布施時的對象選擇。比如說，布施五百個沒有道德的人，不如布施給一個有道德的人；布施五百個有道德的人，不如布施給一個有信仰的人；布施五百個有信仰的人，不如布施給一個有智慧的人。這個道理如同農夫選擇良田而種，可增加收成；吾人多布施給有智慧的人，不僅為大眾謀福，也為自己增長功德。故說無貪欲心的布施，無所求的布施，能使布施者「獲勝果無疑」，福德不可思量。

布施有法布施、財布施，以法布施功德較大。按《金剛經》所述，如果有人以無量世界七寶布施，另有善男子、善女子發無上菩提心，受持《金剛經》，哪怕只有四句偈而已，他能信受讀誦，且為他人解說，他的福德自然勝過七寶布施的人。而這四句偈是：

一切有為法，如夢幻泡影，
如露亦如電，應作如是觀。

《金剛經》多處講到，以三千大世界的財寶用來布施，不如宣講這四句偈的法布施。可見這四句偈多麼珍貴，價值無量，吾等應深入去領悟其中道理。

因果、布施、利益

我早年受孟子「何必日利」的影響，以為只有仁義，不談利益。中年後看到佛經大談利益，總覺怪怪的，怎樣學佛也講利益？初不能接受。後又看師父的文章講因果，始知布施獲利是一種「必然的因果關係」，有布施（因），必導至獲得利益（果）。這種關係，有點像愛因斯坦「相對論」，或牛頓的「反作用力」，有一作用必產生相對另一作用，從某方向施加一力必引起另一力反應。在《雜阿含經》有一偈說：

施食得大力，施衣得妙色；
施乘得安樂，施燈得明目。

這種因果之間似乎有「對價關係」，當然佛陀並沒有這樣說，佛陀也沒有談到愛因斯坦或牛頓的理論，這只是我的比喻。布施飲食可得大力，即得道多助，獲得很多力量幫助。布施衣服臥具可得健康美麗，跟人結緣得到妙色好身。布施車輛解決別人交通問題，自己可得到安樂，自己想去那裡都方便。布施一盞燈可得光明，得明目果報，有智慧眼，有法眼淨。按佛教的因緣法、因果論，人一生所有行事都在「功德簿」中清楚存記，功歸功，過歸過，不能相互抵消；即有功必得善果回報，有過亦當有懲處，清楚明白，不能打馬虎仗。民國印順導師在《成佛之道》亦說：

依資具得樂，依施得資具，
故佛為眾生，先讚布施福。

人的快樂來源可化約成兩個方向。一是從內心散發出來，如老莊、顏回等，「一簞食，一瓢飲，居陋巷，人不堪其憂，回也不改其樂。」另一是從外獲得，如「依資具得樂」，資具是人類生活各種產品，汽車、房子、電器等，有了這些生活資具，人也會感到快樂。

但「資具」並非人人充足夠用，甚至並非人人都有，有人可能貧無立錐之地，三餐不繼，為什麼會如此？他缺乏前「因」，也缺乏結「緣」，即無因，又無緣，當然一無所有。這不僅是因果關係，相對論、力與反作用力應也如是。（註：只是作者的比喻，實際講相對論、力學，更複雜，在此不論。）

如何破解一無所有的困境。「依施得資具」，就是先有布施的因。有人問「一無所有」能布施什麼？師父最常講這個問題，給人一個微笑、一句好話、一個方便……都是布施，可布施的真是太多了，有了因，有了緣，就可能有一切！

「故佛為眾生，先讚布施福」，佛教的三藏十二部經典裡，佛陀一再講布施的功德。菩薩的六度萬行裡，也以布施為修行起點。布施也可以破除我們內心慳貪氣息，享有生活快樂的福報，而且，發財也是從先布施開始的，你知道嗎？《三世因果經》曰：

三寶門中福好修，一文施捨萬文收；
不信但看梁武帝，曾施一笠管山河。

世上有什麼「生意」如此的好賺？利潤這麼高！一文施捨萬文收。其實這樣的故事在現代或歷史常有，社會上有些溫馨感人的故事亦如斯。漢代開國軍師張良，在一個橋邊，布施他的容忍、好心、敬老誠意給一位褐衣老人。後來老人給他一部兵書，張良一看是《太公兵法》，張良熟讀這本書，成了大兵法家，輔佐劉邦取得天下，他也成為漢代開國元勳。

世上萬事，貧窮富貴，成敗得失，有緣無緣，仔細深入了解，都是因果因緣形成。沒有力的施出，，那有「反作用力」。梁武帝的故事是大家常說的實例，他前世是一個樵夫，有一天經過一尊地藏菩薩像，在路邊日曬雨淋，他一念起恭心，把自己的斗笠戴在菩薩頭上，就這點布施，他的功德匯聚成來世當皇帝，所以說「曾施一笠管山河」超過了一文施捨萬文收。

而那張良，一文未花，只是布施他的好心、容忍和敬老誠意，後來收穫更大。師父常說「給人方便、給人信心……給人一個微笑」，是有大道理、大用處的。

何爲最？無上道、布施

有一天，佛陀在祇園精舍講法，大梵天突然從天而降來訪，來到佛陀座前，向佛陀請法問了很多問題。其中兩則和布施有關。

梵天問：「什麼人獲益最大？什麼損失最大？什麼甲冑攻不破？什麼是最好的武器？」

佛陀答：「布施者獲益最大，貪得無厭、受施不報的損失最大，忍耐是牢不可破的甲冑，智慧是最好的武器。」

梵天最後又補充又問：「我還有一個疑惑不明了，祈求佛陀開示，什麼東西是火燒不毀，水浸不爛，風吹不碎，而且還可以再造宇宙。」

佛陀回答：「是福報。善行的福報，火不能毀，水不能爛，風不能碎，福報可以再造宇宙。」

什麼東西火燒不毀？宇宙間沒有那樣物質火燒不毀的，金銀銅鐵人體骨灰……一千度、兩千度，萬度高熱，即全燒光光。許多道理吾等一輩子搞不懂，善行布施的福報，火不能毀，水浸不爛，還可以再造宇宙，《大薩遮尼乾子經》曰：

欲求無上道，修行諸功德；
破於慳貪心，布施最第一。

我感覺這四句偈，正好在說「天下沒有白吃的午餐」，凡要有所得，必先有付出；人生道上想要追求更高境界，就要發心求無上道，欲求無上道，修行諸功德。修行功德的法門很多，財布施、法布施、無畏布施，尤其要做到無相布施，三輪體空。此外，效法普賢菩薩的十大願，學習阿彌陀佛的四十八願功德，任何真心布施都是功德。在修行過程中，最大的敵人是自己，一顆貪瞋癡的心最煩惱，不肯放下、不肯助人、不肯結緣、不肯種善因、自私執著……所以「破於慳貪心，布施最第一」。從「因」上種福報的善種子，火不能毀，《因果經》說：

從諸星宿中，月光為其最；
一切光明中，日照為其最。
於諸福田中，看病為其最；
若欲求大果，施諸悲與敬。

一個人開始修行學佛，知道種福田的利益多多。而各種福田中，以替人醫療疾病、看護病人的功德最大。經典中也說，敬佛、敬聖人、敬僧、敬和尚、敬阿闍黎、敬父、敬母、看護病人等八福田中，以看病福田為第一。

「若有求大果、施諸悲與敬」，若想求得大功德、大果報，施諸悲與敬，先種下慈悲的福田，「無緣大慈、同體大悲」，正是慈悲的真義。佛光山「福慧家園」，於二〇一五年六月，由依來法師主持共修，主題正是〈慈悲真義〉，現場有蔡青樺、林宏弦、朱倚諒、林金瑩等多位居士表達親身經驗。依來法師以大師「**心懷度眾慈悲願，身似法海不繫舟，問我一生何所求，平安幸福照五洲**。」期許人人行三好、四給、五和，是最無上道，是大布施，《本事經》曰：

世間諸有情，若了解惠施，
能感大果報，明見似如來。

這四句偈之要義，還是在鼓勵人喜捨、布施。所謂捨得捨得，有捨才有得，不捨就無得。一切都要從「惠施」開始，小小的布施，只有心正意誠，就能感得大果報，如「貧女施燈」故事，如「布施一笠管山河」的梁武帝。師父說過，「能給人，你就是心靈的富翁。」我等身為佛弟子，理應養成「給人」的好習性，給人一個微笑、一個方便，都是惠施，都能感得大果報。

像佛陀的福報也是從布施中來，他「三祇修福慧，百劫修相好」，最後才成就三十二相、八十種好。佛陀都要修行，要布施，吾等愚痴凡夫更要虛心學習。

報應、福報

在中國民間社會，如果有人幹了惡毒的事，大家會罵「你會得到報應」，這表示因果觀已深入中國民間社會。佛教在漢朝傳入中國（亦有證據顯示秦朝已有），在中國民間流傳兩千多年，早已成為「人民的生活方式」。唐代開始進行儒佛道「三家合一」工程，施工期長達一千年，約七世紀到十七世紀，結果是三家融合成中華文化的核心價值。中國民間信仰的宮、廟、寺、堂，都在這三家範圍內，可見「因果報應」觀在中國民間社會，已經普遍得到人民的信仰接受。不是不報，時候未到，也是大家有共識可確認的，如《梅陀越國王經》所言。

罪福響應，如影隨形，
未有善惡，不受報者。

中國民間社會還常聽到一句話「舉頭三尺有神明」，這是警惕那些不信因果的人，各種民間信仰眾神，佛祖、菩薩、關聖帝君、媽祖．．．無所不在的看著你，最好還是不要幹壞事。善有善報，惡有惡報，不是不報，時候未到，小心報應，《大般涅槃經》說：

作惡不即受，如乳即成酪；
猶灰覆火上，愚者輕蹈之。

在現實社會中，常有人感嘆壞事做盡得好報，好事多做得惡報，完全和因果顛倒，似乎人間無天理。其實是遲早的問題，還有涉及三世，光看一世是不夠的。「作惡不即受、如乳即成酪」，作惡未馬上得報應，這道理如同牛奶尚未成乳酪，時間還沒有到。「猶灰覆火上，愚者輕蹈之」，尚未成熟的果報，如被灰覆蓋的炭火，表面看不到火苗，底下仍舊是炙熱的，愚笨不明理的人一腳踩上，後果還是嚴重的。

師父常舉例說，你看到壞人仍在享受著榮華富貴，是因他銀行還有存款，還有得用，等他用完銀行才會取消他的取款權。惡人享受福報，因他的福田還有存款，不能因他作惡，就不准他用自己的存款。等他福報耗盡，埋藏在灰底下的滾燙（惡業）火苗，就會竄出來反撲。

中國的本土文化（佛教未傳到吾國前，春秋戰國時代流行的九流十家，主要是儒、墨、道、法，並沒有因果輪迴報應觀。佛教東傳到六祖惠能大師，才算從「印度佛教」轉型成「中國佛教」，又經一千年的「三教合一」融合，佛教早已成為一種「中國民間信仰」，取得「中國國教」的歷史定位。

這種融合最大的好處，是各教思想融入各教。例如，我常在民間寺廟宮堂，看到同一殿堂有各教神尊；甚至同一歷史人物同時也是各教之神祇，如三國關羽，在儒家稱「武聖」，在道教稱「關聖帝君」，在佛教是「伽籃菩薩」。這也表示，佛教的因果報應觀思想，也會「滲入」儒道思想，可以更普遍的被最多人民接受，對社會有正面意義，引導更多人去樂善好施。《摩訶僧祇律》偈曰：

> 若人以食施，得生最勝處，
> 以樂布施者，人天受福報。

所謂「一粒落土百千生，一文施捨萬文收，與君寄在堅牢庫，汝及子孫享不休。」這便是布施的功德。所以在現世很多人看敗家子享受著榮華富貴，等他福報耗盡他也慘了。若能及早悟懂因果報應原理，他便有無窮盡的功德福報。

「若人以食施，得生最勝處」，布施一飯一衣，讓人飽足溫暖，便是自己很大的功德。「以樂布施者，人天受福報」，天堂和西方極樂世界都是福報，轉世投生富貴人家也是福報。有些「鐵齒」會說，管他的，那是很久很久以後的事，死後一了百了，誰知道？

事實上，布施之樂在當下就感受得到。幫助人家度過難關，給人信心、給人歡笑、給人快樂，自己也生快樂歡喜心，這便是人生用金錢買不到的價值，是生活悅樂之泉源。

業、三業、百劫不失

「業」是佛教很重要的理論，在中國民間社會常聽到有人警告某人說：「個人作業個人擔」或「個人作業個人了」，不論信不信佛法，都可能會這樣說，這表示「業」的觀念是深入民間社會的。

何謂「業」？我們所有的人，身所做的一切行為，口所說出的所有語言，心中起心動念的每一個念頭，全都稱之為「業」。這身、口、意所造作的全部行為，就是身業、口業、意業，合叫「三業」。最常聽到是叫人「不要造口業」，其實三業都重要。

業的性質頗似科學上的「基因」，生物的基因是可以代代傳承的。業可以使人的「造作」從今世傳到來世，當然今世的情況也和前世造的業有關，人的色身會腐壞結束，但所造的業不會消失。《眾許摩訶帝經》曰：

眾生之所作，善惡經百劫，
因業不可壞，果報終自得。

業因屬個人所造作，不論好壞，果報終自得，別人拿不走，誰也無法替代承受。業的種類有善業、惡業、無記業，凡合乎人間道德、利益叫善業，損人利己或損人不利己都是惡業，不能分辨善惡如無意識動作叫無記業。這些善惡業，不管經過多久，必定會有果報，所以千萬不要「鐵齒」，面對因果要戒慎警惕！也不要懷疑，為什麼做了好事未見好報？更不要心存僥倖，以為幹了壞事神不知鬼不覺，可以不負因果的責任！業力不失不亡也不會忘記的，《光明童子經》曰：

一切眾生所作業，縱經百劫亦不亡；
因緣和合於一時，果報隨緣自當受。

佛教講因、緣、果，因果之間的「緣」是一種條件，例如種子是因，發芽是果，過程的陽光空氣水等等都是條件。曾有考古學家在古墓中找到二千年前的種子，將種子拿來栽種，竟然發芽了，也開花結果了。業如這粒種子，因緣成熟自然開花結果。

「一切眾生所作業，縱經百劫亦不亡」，因為業力的牽繫，如同基因，代代傳下去，我們的身口意三業永遠不會消失，善惡遲早會有個了結，給個交待。問題只在「因緣合和於一時」，因緣成熟，就要受報，而且「果報隨緣自當受」，都要自己承擔，誰也替代不了。故《法句經》亦說：

如鐵自生鏽，生已自腐蝕，
犯罪者亦爾，自業導惡趣。

師父們常警示說「菩薩畏因，眾生畏果」，菩薩知道果的嚴重性，所以從因防止問題，並種善因；眾生則不顧因，等到惡果出現才害怕懊悔，為時已晚了。所以，我們要向菩薩學習「慎始善終」，種好因，終得善果。關鍵在平時不造業，師父講過如何不造業？

第一、要律己：人最大毛病是「律人」，總不「律己」，這在與眾生結緣甚為不利，故儒佛都主張律己從嚴。佛教的五戒十善等，在結好因緣，減少造惡業；而儒家的「非禮勿視、非禮勿動、非禮勿言、非禮勿聽」，在促成良好社會功能，兩家都在人間創造淨土。

第二、要行慈：任何群我關係，多行慈悲事，都是結好因緣，也是為自己積德。時時讓自己心念向善，便不會造下惡業。

第三、要聞法：常聽經聞法，聽高僧大德講人生大道，也等於「站在巨人肩膀上看世界」，會比別人更看得清楚；再者，才能具足正知正見，增長智慧。

第四、要求自在：身心自在才能解脫，對好壞、善惡、是非、正邪，有智慧去分辨，就不會受業力牽引不得自在；自在自由必然也使人身心愉快，生活更有動力。

因緣、果報、三業這些觀念，在人我關係中，會很深刻的決定你和人群間是怎樣交往的，影響力很大。吾等佛光人若仔細觀察師父這幾十年來的群我關係，無不和因緣、果報、三業有關，才產生極大的慈悲願力，使千百萬人願意與師父同行，這是我們要學習的。

業與煩惱、福業何求？

假如要找到一種所有人共有普遍的現象，一定就是「煩惱」，我們每天碰到很多人、很多朋友，聊八卦的，吃吃喝喝參加活動的。每個朋友，只要多聊幾句，就聊出許多個人的煩惱，真是家家有本難念的經！

不知道佛陀或觀世音等眾菩薩有沒有煩惱？我並沒有深入研究經典，也不是講經說法的料子，只不過寫些研讀師父們作品的心得，表達一點個人生活感想。我不成熟的想法，認為佛菩薩應也有煩惱，祂們煩惱有情眾生的愚痴，煩惱眾生不覺悟。例如，地藏菩薩「地獄不空、誓不成佛」，根本是遙遙無期的，現在這個世界罪惡太多，一定是造成地獄滿是罪犯，地藏菩薩的煩惱恐怕比我們多。所不同者，我們煩惱食衣住行工作，菩薩煩惱如何才能度盡眾生吧！

更多的人，煩惱的是顛倒妄想，煩惱生老病死，煩惱如何可以長生不老！怎樣才能青春永駐！煩惱如何可以打敗群雄！可以賺更多錢！可以有更多豪宅！可以得到更多更多！《緣生論》曰：

惱起業感報，報還生煩惱；
煩惱復生業，亦由業有報。

這四句偈旨在說明煩惱從何而來？「惱起業感報」，煩惱從「業感」而來，每個煩惱生起都有「因」，此因即是「業」，過去的身、口、意所造作。有了造作就種下業因，有因就有果，就會受報，故稱「業報」，若種的是惡因，所得就是惡報苦果；有了苦報，愈多煩惱，繼續造業，如是永不止息，輪迴不斷。因此說：「報還生煩惱，煩惱復生業，亦由業有報」。

惡因招感惡報苦果，又持續造惡業；反之，善因招感善報好果，又持續造要業。總之，惡業福業都是自己種的因，自己招感而來。古德常言：「行藏虛實自家知，禍福因由更問誰？善惡到頭終有報，只爭來早與來遲。」吾人見各宮廟香火茂盛，求神者眾，求財、求壽、求姻緣、求生男生女，其實不如求己。（註：一般寺廟宮堂信仰，在宗教學分類上稱「中國民間信仰」，並非佛教信仰，但因三教融合的結果，中國民間信仰已吸收佛法很多觀念。）。福禍在己，神是不為你負責的，自己闖的禍自己擔，自己造的福自己享，合理合情，《雜寶藏經》曰：

福業如果熟，不以祠祀得；
人乘持戒車，後得至天上。

福業如果熟，熟了吃才甜，熟了自然掉下來，就是這麼簡單的因果關係，並不是靠著到廟裡拜神祈求才得到的。「人乘持戒車」，是提示人們要選對「交通工具」，你從甲地到乙地要乘何種交通工具？你從迷到悟也有好的交通工具可用，你想得到天上的福報，想有好的福業，要以何為工具？當然是持守戒車，持守法律、戒律，才是通往福業最好的交通工具。在《大莊嚴論經》說：「一切諸世間，皆有善惡業，善惡生五道，業持眾生命。」五道是天、人、地獄、餓鬼、畜生，也叫「五趣」。人的生命在這五個世界轉來轉去，都是因果業力的輪轉，所以福禍都是自己造的，不必去求神。更直接的說，人生要成為怎樣的風景？要成為怎樣的人？也都在自己手上，《華嚴經．普賢行願品》

偈說：

不知三世事，亦寡法財寶，
飽腹資欲心，人形畜無別。

空有「人形」未必就是「人」，而是被叫畜生、禽獸，就如這隻「人形畜」。佛經中有一則「九色鹿」故事，一隻九色鹿救了一個獵人的性命，獵人想報恩，九色鹿告訴他說：「只要你回去後，不要將我的住處告訴別人，就是對我的回報了。」獵人同意！

獵人離開森林後，為得到好處，竟忘了承諾，出賣了九色鹿。當人們知道事件緣由後，就罵獵人是「人頭鹿」，而稱九色鹿是「鹿頭人」。生有人身的獵人還不如禽獸。

人總因不知三世因果，又不聞佛法，吃飽營求各種欲望，永遠得不到滿足，無窮貪欲，終於感招惡報惡業！

法布施、財布施、無畏布施

在佛經中常講到法布施、財布施和無畏布施三種，這是三種最典型的布施。三者之中，最具大慈大悲的清淨功德，是無畏布施，其次是法布施，次是財布施。

無畏布施，如佛陀有一世的「捨身餵虎」，是佛弟子常聽到的故事。在古今中外的現世歷史也有這種實例，文天祥的成仁取義，黃花崗烈士等，都是為「終極正義」，布施了自己的生命。

在「荊軻刺秦王」這個歷史事件中，荊軻為見秦王須要一個秦王所想要的信物，樊於期將軍的人頭；荊軻去找樊將軍要並說明原因，樊於期二話不說，毅然拔劍自刎，讓荊軻取下人頭去見秦王。後來荊軻事敗亦死，像他們的精神都是無畏布施。

幼稚園老師林靖娟的故事也是。一九九二年五月十五日，台北市「健康幼稚園」的火燒車事件，幼稚園的林靖娟老師，原本可逃出車外，但她為救出車內的小朋友，自己也犧牲了。她以身命施人而一無所懼，她的無畏布施是真正的大菩薩，這是師父在《成就的祕訣：金剛經》一書裡，所讚嘆的大仁大勇者林靖娟老師。

師父在該書也講到「末利夫人的故事」。佛陀在世時，末利夫人虔信三寶，奉守淨戒。有一天波斯匿王因細故要殺御廚，當時正在持守八關齋戒的末利王后聞訊，立刻請大王一起飲酒作樂，指定那位御廚親自料理。

大王感到納悶，問她：「你正在持守八關齋戒，怎麼今天刻意打扮漂亮，又破戒和我飲酒作樂呢？」

夫人說：「聽說你要殺這名御廚，如果今天不請他料理美膳，以後就沒機會了。」於是大王赦免這位御廚。

末利夫人不顧破戒，以大慈悲救了御廚，也救了王夫的一念無明，凡此都是無畏布施。

法布施的功德勝過財布施很多，這在經典中都講到，幾乎不成比例，平凡如我也難解更深妙義，似乎如同一句台語可以形容，「誠意吃水甜」，誠意勝過一切物質條件。

《金剛經》有一段佛陀和須菩提的對話。

「須菩提！於意云何？若人滿三千大千世界七寶，用以布施，是人所得福德，寧為多不？」

須菩提言：「甚多，世尊！何以故？是福德即非福德性，是故如來說福德多。」

「若復有人，於此經中受持，乃至四句偈等，為他人說，其福勝彼。何以故？須菩提！一切諸佛，及諸佛阿耨多羅三藐三菩提法，皆從此經出。」

能夠信受奉持《金剛經》，即使短短四句偈，又能夠為他人解說，他的福德果報勝過布施七寶的人。為何？因為滿三千大千世界的七寶布施、財布施，是有為法，是有限的，功德也是有限的。而為人說法的法布施，是無為法，能助眾生斷煩惱、了生死、出三界，成就佛道，其功德是無限的，所以法布施的功德勝過財布施很多。《金剛經》說：

須菩提！若有善男子、善女人，初日分以恆河沙等身布施，中日分復以恆河沙等身布施，後日分亦以恆河沙等身布施，如是無量百千萬億劫，以身布施。若復有人，聞此經典，信心不逆，其福勝彼；何況書寫、受持、讀誦，為人解說。

有人以恆河沙等身布施，千百億劫不間斷布施，這個人的福德難以計量。但另有人聽聞《金剛經》經義，能悟得般若真理，發心修持，進一步書寫、讀誦，為人解說，那麼他的福德，勝過那位等身布施者。

《華嚴經》亦說：「譬如暗中寶，無燈不可見；佛法無人說，雖慧不能了。」講說佛法的人像燈火，為人照見微妙佛法，若無人講，再聰明的眾生也不能得悟，可見法布施的殊勝功德。

師父以最廣義說布施，人人皆可布施，給人一個微笑，給人一個方便、信心、歡喜，都是最好的布施。廣結善緣，建立最好的群我關係，其實就從這裡開始的。

佛教的財富觀

身為佛弟子，不能不知道佛教的財富觀，因為身為佛弟子的用錢花錢哲學，不應與佛法的金錢觀相去太遠，或與佛法同步最佳。甚至發財、賺錢在方法上，也不應違反佛法的基本原則，否則，佛弟子和非佛弟子還有什麼差別？皈依成為佛弟子的意義又何在？

師父在〈信仰的財富〉一文，講到佛陀在世時的一個典故。舍衛國的大富長者修陀羅，每年臘月初八這天，都請佛陀和比丘們到家中接受供養，後來臨命終時也叮嚀子孫要持續供養。

長者的兒子叫比羅陀，奉行不渝。但不久家道中落，到了臘月還找不到準備供養的錢，只好到舅父家借一百兩黃金，才終於完成供養諸事。雖為供養佛陀而借貸，比羅陀內心仍是歡喜的。就在供養佛陀的當天晚上，借來的一百兩黃金竟然原封未動的存放家中。

比羅陀夫婦心中害怕，不知這黃金從何而來？第二天夫婦二人到精舍請問佛陀。

佛陀說：「你們安心花用吧！因為你們守信，不違父教，嚴守戒律，終生不渝，對於信、戒、慚、愧、開、施、慧，這修行者七種財富，你都具足了，這是你的福德所招感來的財富。」於是佛陀說了一首偈語：

信財戒財，慚愧亦財，聞財施財，慧為七財。
從信守戒，常淨觀法，慧而履行，奉教不忘。
生有此財，不問男女，終已不貧，賢者識真。

這首偈語說，信仰、持戒、慚恥、愧疚、聞法、布施、智慧為七種財富。一個人只要能奉行這七法，就永遠不會貧困的，不過只有賢明的人才能相信其真實性，而能奉行不渝。另在《法可經》記載，七種法財是修行人真正的財富。

（一）信仰：人生的信仰、信心是一切善行的根本，人生有了信仰、信心，就好像你到了寶山。《華嚴經》說，「信為道源功德母，長養一切諸善根。」所以，信仰為佛弟子的第一財富。

（二）聞法：任何學問想要入門，都必需聽其經典，聞其法門，這應是基本常識。

何況，佛法難聞是眾人皆知的，要深入佛法，契入佛道，就必需聞法，所謂「以聞思修，入三摩地」，才能得到殊勝的聖財。

（三）精進：所謂「學如逆水行，不進則退」，精進是一種積極進取的態度。凡精進於有益、正當之事，堅持下去必會有成就。

（四）持戒：「戒」的根本精神是自由，這和很多人的認知不同，誤認戒是不自由的。舉一例，監獄中的犯人都是「犯戒」，違反法律規定，不守戒，才會生出種種問題。所以，持戒是善法的階梯，佛道的根本財富。

（五）慚愧：「慚愧會是財富嗎？」愚痴如我，較難領悟，似懂非懂，但師父們是這麼說的，另見永固法師，〈修行人的財富：七聖財〉一文。《佛遺教經》說：「慚愧之服，無上莊嚴」，能察覺自己過失，而起慚愧之心，產生改過的力量。

（六）布施：這堂行菩薩道的第一功課，其實並不容易修，除了人性利己觀念外，現代工商社會受資本主義影響，也視利己為鐵律，視為當然。但佛陀不論講六度或四攝，都先說布施，利人利己，布施第一。

（七）定慧：學佛之人要定心，要安心，歷代祖師大德常為定心安心參學名師，因為定心才生慧，有了定慧能解脫生死，故說定慧是最上財富。

對於佛法的「七聖財」，佛弟子理應有些認識，才不會太執著「世間財」。佛教認為世間財富乃「五家共有」，自己不可能永久守住，這五家是：天然災難的大水、大火、人為災害如貪官污吏、盜賊、不孝子女。

在現世社會吾人天天都可以看見，許多人的財富在瞬間的生滅，轉頭即空。所以，世間財若不能用於利益眾生，福利社會，或至少在群我關係中，用於結下好緣，給人好感，只一味守住每分錢財，不僅無意義，更是自己造業，生為人身不易，應有所覺悟。

佛陀在世時，有一天佛陀托缽經過兜羅子家，兜羅子正好有事外出，家裡養的白狗見到佛陀，便對著佛陀狂吠不已。佛陀輕聲對牠說：「你不要大聲叫，前世你是梵志，今世投胎為狗。」狗聽了悶悶不樂，躲進了床底下。

兜羅子回家後，見愛犬愁憂，高興不起來，就問家人：「是誰惹了我的愛犬？」家人說了佛陀來的事。兜羅子憤怒去找佛陀理論，佛陀只好明白告訴他說：「白狗就是你的父親。」兜羅子不相信，佛陀告訴他說，若不信，可以回去問白狗，牠的財富藏在那裡？

兜羅子半信半疑回到家中，對白狗說：「如果你真是我父親，請告訴我，你把財富寶物藏在何處？」

白狗鑽到床下，不斷掘土，兜羅子也幫忙。不久，財寶果然出土，兜羅子不禁面向祇園合掌說：「佛陀所言不虛！」

兜羅子再次來到祇園，態度恭敬問佛陀：「我父親為什麼投胎為狗？」

佛陀說：「他生前蠻橫傲慢，仗勢欺人，慳吝不肯布施，把每一分錢守得緊緊的。因此，投胎為狗，繼續守護自己的錢財。」

吾人現今所有一切生命活動的總和，並沒有那位神或強人控制主宰著你，都是自己所造成。你不與人結緣，你也不願意給人一個真心的微笑，拒人於千里之外；或總是算計著別人，如何可以佔些便宜，撈些利益！怎麼可能自在安樂？

吾等與人交往，應知因果因緣之深意，慎重審思，不僅自己得到自在快樂；在人我關係上必然是和諧的、感動的，有了眾緣，才能得同道多助！

輯　三

怎樣修行？人生至上樂何在？

叢林生活

佛光山 2015 年
第八十一期
短期出家講習會

短期出家修道會

文／知尊整理　圖／女眾學部

人间福報 2015.8.1.

佛光山叢林學院主辦的「2015佛光山第八十一期短期出家修道會」日前圓滿，近七百位來自台灣、大陸、香港、新加坡、日本、馬來西亞、印尼、澳大利亞、美國、英國等十三個國家的社會各階層人士參與修持，體驗清淨出家生活。

修道會期間，叢林學院的同學分成幾個工作小組，有的擔任引禮，有的是行政、文宣、庶務等，大家各司其職，希望透過集體創作，讓整個戒期殊勝莊嚴，從服務他人中學習自我成長。參與的戒子在近一周的出家生活中，無不珍惜每個當下的行解門課程，如殿堂儀軌、威儀訓練、生活作息以及出坡作務等，對他們而言，這都是人生難得的體驗。

短期出家修道會是什麼樣的修持活動？它能帶給我們什麼收穫呢？叢林學院特別將工作人員及戒子的心得摘要如下，以饗讀者。

星雲大師一筆字書法—悟道

人生的至上樂何在？

寫本文時，我正看到二〇一五年七月五日的《人間福報》，在「人間學堂」全版刊出吾國年青企業家李開復的故事，罹癌後感悟生命不只名和利，還有更深的人生意義和快樂何在的問題。在他的新書《我修的死亡學分》，提出「人生必修七學分」，充滿佛法的智慧。

第一個學分：健康無價。
第二個學分：一切事情都有它的理由。
第三個學分：珍惜緣分，學會感恩和愛。
第四個學分：學會生活、活在當下。
第五個學分：經得住誘惑。
第六個學分：人人平等，善待每一個人。

第七個學分：人生到底是為什麼？

「學會生活」，生活還要學習嗎？你到台北或上海街上問十個年輕人，你可能會想哭。但你深入讀讀李開復的人生必修七學分，充滿佛法的智慧，讓人覺得勝讀十年書，人生就是要這樣的修行，人生的意義和快樂就在其中。《摩訶帝經》詩偈這樣說：

世間所有諸欲樂，乃至天上所有樂；
若比斷貪之大樂，十六分之不及一。

李開復在書中寫出他的感悟，他覺得感恩有三個層次。「最基本的層次是別人對你好，你感覺到了。第二個層次是別人對你好，你要回報他。第三個層次，你主動付出關懷和愛而不要求回報，這才是最高的境界。」李開復的第三層次，我認為已快接近「無相布施」了，他因病而體認修行的真意，找到人生真正的快樂，對他自己是重大收穫，對我等無關者是意外得到啟蒙。

李開復在書中說，他五十二歲前追求名利欲樂，付出沈重的代價。確實如這首偈詩，世間欲樂指五欲（財色名食睡），但人欲無休止，永無滿足，永遠找不到人生真樂何在？原來只有兩個字「斷貪」，天人兩界所有快樂，若與斷貪之大樂比，十六分之不及一。這是很大、很高境界的快樂，《方廣大莊嚴經》說：

> 遠離眾罪垢，不著於世間；
> 永斷我慢心，是為最安樂。

「貪」是人之本性，要如何讓人「不貪」？乃至「斷貪」？當然要靠練習、修行，靠反省、勉力行之，久了成為不貪的習慣，就比較容易做到「給人」、布施，自然能「遠離眾罪垢」；「不著於世間」，不貪著世間名利財富，自在安樂自然生出。

「永斷我慢心，是為最安樂」，人性中的驕傲自大、貢高我慢也是問題，以自我為中心便很難與人相處；在群我關係中，大家不喜歡，給人不快樂，自己也快樂不起來。師父常舉例，個性成熟的人，如同成熟的稻穗，頭是往下低的，像是待人很謙虛，對人友愛，是為最上樂。能離眾罪、能不執著、能不貪心、能謙虛待眾，所得之樂是各方面的，如《法句經》說：

應時得友樂，適時滿足樂，
命終善業樂，正信成就樂。

「應時得友樂」，在輯一已有很多討論。一個懂得知足的人，也一定知足常樂，倒是「命終善業樂」不容易做到，這只要看到所有命終的人，從未見有「現快樂狀」的。我這樣說當然純是「表相」觀察，有人一生做善事，很有修行境界，內心無憾、歡喜而去，外人如何察覺！所以想當然爾，有善因善緣的人，有佛法修行的人，命終善業樂，想必如是。

但人生最可靠的安樂，還是「正信成就樂」，快樂來自內心的信仰是最有境界的。吾人常聽師父們說「信仰是我們的寶藏、信仰是快樂的泉源」，信仰必需是正信，而不是迷信、邪信。因此，結交善友是人生的良師，知足是心靈快樂的妙方，有了正信法寶，四周的人會信賴你，好因好緣來了，不快樂也難！

修行，不是用嘴巴說的！

經常與妻到「仙跡岩」散步，山上的地藏菩薩廟裡放很多善書，還有一些勸人向善的傳單。有一張名〈吃老十項壞〉是，「站著沒元氣、坐著着哈嘻、躺著睡不着、吃多着漲氣、吃沒嘟生氣、喘講講過去、現講現忘記、出門沒短去、要死沒勇氣、只好活落去」，以上都用台語念，有點無奈又幽默。

許多事都在一念之間，好壞善惡只有轉個念頭，風光風景都不一樣了，廟裡另一張名〈快樂心經〉，如是說，像是佛法的最簡版：

不埋怨　要感恩　不貪心　要知足
不煩惱　要樂觀　不爭功　要分享
不記恨　要寬恕　不批評　要讚美

不死懼　要心安　不衝動　要忍耐
不嫉妒　要欣賞　不發怒　要微笑
不計較　要寬宏　不拖延　要積極
不自私　要捨得　不自誇　要謙虛
不氣餒　要振作　不欺騙　要誠信

這些要說人人會說，識字早些的小朋友五歲也會說，用寫的也不難，而是身體力行最不容易，必需要靠修行、練習才有微些成效。師父最常講蘇東坡修行的故事，他被貶到瓜州做太守，瓜州在長江北邊，和鎮江金山寺僅一水之隔。金山寺住持佛印禪師和東坡是好朋友，兩人常吟詩參禪。有一天，東坡做了這首詩偈，自以為自己修行很深，立刻叫書僮坐船送到對岸給好友佛印看。

稽首天中天，毫光照大千；
八風吹不動，端坐紫金蓮。

自己頂禮天中天的佛陀，感覺佛光照著他，也照著大千世界，八風吹不動，好像自己端坐紫金蓮台上。所謂八風，是稱、譏、毀、譽、利、衰、苦、樂，對他已然吹不動了！不受影響！

佛印看書僮送來的詩，批了「放屁」二字叫書僮送回。蘇東坡見了生大氣，馬上過江責問禪師什麼意思，不稱讚就算了，還罵人放屁。禪師早已在岸邊等候，一見氣沖沖的東坡，哈哈大笑說：「學士！學士！你不是八風吹不動了嗎？怎麼一屁就打過江了呢？」

所以，修行不是光在嘴上說的，也不是作詩寫文章好，修行就好了。修行是要做功課的，一點一滴把自己不好的「修掉」，《淨土五會念佛略法事儀讚》偈曰：

勸君修道莫生瞋，法中無我亦無人；
欲識西方求淨土，會是塵中不染塵。

修行第一功課是不起瞋恨心，因為「一念瞋心起，百萬障門開」，瞋怒之火很快燒光功德林。佛弟子與人相處，處於眾人之間，要謹慎不起瞋恨心，起瞋恨心必然對人不利，必然傷人；不論如何傷人，用語言、臉色、肢體，都是無邊罪過。要不起瞋恨心，先修慈悲心，就能對治瞋恨，修行才易見成就。「法中無我亦無人」，是要去除我執，「無人」是不跟人計較，消除人我間的對待，達到「同體共生」的境界。

「欲識西方求淨土，會是塵中不染塵」，想得到清淨，獲得安身立命的歸宿，要使自己不染六塵（色聲香味觸法）。時刻保持心靈清淨，就能不起瞋恨心。這些是方法上的重要功課，方法不對是會「白做工」的，《大毘婆沙論》曰：

修諸餘苦行，當知無義俱；
彼不獲利安，如陸揮船棹。

佛陀曾修苦行而無功，表示方法不對，有些苦行也是無意義的，讓人不能自在安樂，如舟在陸地行走，都是白做工。成就一切事物，包括上月球、到火星、入海底，都有方法；要修行、種好因緣、得眾緣相助，更要方法，佛教都是講究方法的，要做功課，要身體力行，要身口意同時力行！

修行趁早、修行四法

每個人的因緣、性情、智慧都不同，有人很早聞法並未修行，有人很晚聞法立即用功修行，有人一輩子沒機會接觸佛法，或接觸而不信。故說「佛法難聞」，真有心聽經聞法，用功修行者，還是總人口的少數。

六祖惠能大師第一次聽到「應無所住生其心」，立即開悟，但我聽師父講很多回，仍似懂非懂。無論如何！不論何人！勸天下有心學佛的人，只要有機會，要把握因緣，修行趁早，《緇門警訓》曰：

萬里新墳盡少年，修行莫待鬢毛斑；
死生事大宜須覺，地獄時長豈等閒。

最近看一則新聞，美國有一班法律系同學畢業了，班上一個男性黑人淪為竊賊，十年間到處偷竊為生，被捕後在法庭上，發現判案的白人女法官，竟是自己當年的同班同學，當場慚愧痛哭！

時間是不等人的，不長進的人很快發現自己的落後，若能慚愧生起上進心，及時努力，還是可敬的人，有智慧的人。只怕無覺無感的人，一輩子大概就很快「玩完了」，這首詩提醒我們，墓園裡不一定是老人，很多的青少年，因各種原因先走了。生死大事應早醒悟，不要一直沉淪下去，地獄時間就會很長很長，勸人要及早修行；這也表示，人生很多事能早趁早，早些用功讀書，早些結好因緣，學東西（藝術、音樂、武學），也要趁早。很多事情，晚了就後悔，當初……俗諺說：

寂寞荒郊一夢長，古今人事懶思量；
閒花野草歡多少，明日浮萍笑幾場。
夜雨白雲同宿臥，曉風紅日伴行藏；
當初悔不修行早，空對青山淚兩行。

這是一首「物來動情、情往感物」的詩，一個人死後成一堆白骨，在荒郊野外過著漫長寂寞的日子，感嘆自己生前不修行，才不能往生淨土或轉世為人，如今後悔「空對青山淚兩行」！這人生前混的太兇了，如今感慨才深，古今人事不必多想，人生如浮萍，閒花野草誰會看一眼，現在後悔何用？

這首偈也給我們警示，要愛惜光陰結好因緣，才能多收善果，好因緣如好機會一樣，要好好把握，勿使好因緣白白丟了！很可惜！為善趁早，修行趁早，準備任何功課都要趁早，臨時抱佛腳都是不行的，最後都要後悔。修行除了趁早，方法也重要，所謂不依規矩不能成方圓，在《治禪病祕要經》提到修行四法：

當服慚愧藥，忍辱為衣裳，
懺悔莊嚴華，熏用善心香。

按我個人觀察，不論是各界要員或各種爭端，叫人「懺悔、慚愧」是最難的，天底下有誰願意承認自己是不對的？有誰願意當眾向人道歉？愈是親人，愈是親近、接近的好友同學，愈是死不認錯，我親自碰到的公然霸凌正是如此。（詳見我另著，《梁又平事件後》一書，文史哲出版，二〇一四年）因此，讓我更覺得「懺悔、慚愧」這種法門的珍貴、高貴和稀有，佛法原本就難聞，懺悔慚愧藥當然「不好吃」，當然是苦的，良藥苦口啊！須要忍辱衣和善心香，才不覺得太苦。

在《六祖壇經》第六〈懺悔品〉，講到「懺」，要把所有以前犯的過失及所有惡業，痴迷、憍誑、嫉妒等，全都盡懺無餘。而「悔」者，從現在開始，所有貪、瞋、痴、慢、疑，都不再起來。

懺悔完後，要發四弘願誓，若沒有真正懺悔，四弘言願是得不到真正效果的。因為，真正大願力要靠實踐力行才有用，光用嘴巴說是不行的。

修口，惡口如毒箭

修行，不外修身、口、意三業，師父在一篇文章中說，這當中以口業最易違犯，一不小心就禍從口出，招惹是非。除古人常說的「一言喪邦、一言興邦」，在現代這種失常失控的社會，也可能一語招惹殺身之禍，讓人死的不明不白的！這是從負面看；反之，從正面看，好因緣、造善業，也要從一張「好口」開始，師父常說的給人信心、給人歡喜、給人方便，「好口」是首先要給人的。

在我們中國民間社會，不論信不信佛教，老人家常叫人要「修口德」，不要「造口業」，這是中華文化受佛教影響的結果，也是要人有個好口；反之，對那些「管不住自己嘴巴的人」，大多是很負面，可見修口的嚴重性。《大薩遮尼乾子經》說：

和合除兩舌，軟語遮惡口，

正說治綺語，淨言對妄語。

兩舌，是指好搬弄是非，挑撥離間，傳播謠言的人，如台語說「看一個影講一個子」都是。在生活、職場上，吾人最常見這類人，可謂「言必傷人」，身為佛弟子、修行人或有德之人，要警惕自己避免成為這種人，進而用「和合」的和諧語，創造群我關係的和諧氣氛。

「軟語」是柔軟、謙虛、平和的用語，以這種語言來遮斷惡口。此外，正語、正言、乾淨的用語，都可以對治不實、骯髒的言語，從一個人的講話用語，就知道他是怎樣的人。世上最可怕、討人厭的就是一張「惡口」而不自知，相信你一定碰到過言語如針刺，口氣如毒氣的人，你的感受如何？這樣的人大家怕他，離他離的遠遠以策安全，一切的好因好緣跑光了；他所擁有的，剩下惡因惡緣，所收到的當然就是惡業。惡口如毒箭，師父最常這樣叮嚀，千萬要「管好自己的嘴巴」，《法苑珠林》說：

惡口如毒箭，著物則破傷；
若與身無益，慎口也何妨。

假如一句話說出去，對自己和別人沒有好處，反而傷人不利己，何必說呢？就應該慎言。不能說、不該說、負氣的話，都不要說，這是修身、慈悲，也是藝術。在《諸法集要經》也說：「口則如利斧，自斷壞其身；皆由惡言故，令他起暴惡。」所以管不住自己的「口」問題很大，有時惡口如利斧刀劍，一句刺傷人的話，可能傷人一輩子，讓人永遠記恨在心，不可不慎！

惡言除傷人也傷己，「自斷壞其身」，禍從口出，惹殺身之禍；或惡言一句，老友親戚從此不往來，或進而挾怨報復，「皆由惡言故，令他起暴惡」。有謂「良言一句三冬暖，惡言一句九月霜」，師父多年來一直推行「說好話、存好心、做好事」，就是要從這個基本方便處，形成一個和諧的群我關係。

口上最容易造的業是傷人傷己惡言，另一種是某些「鐵齒」或不智之人的「妄言」，妄言妄語者，荒誕而不合理、胡為不明事理、胡亂鹵莽輕薄之說都是。這樣的人說話不思考，無知不懂，輕率否定先聖先賢的權威性，這罪過很大，造的口業也很嚴重，《菩提資糧論》說：

未解甚深經，勿言非佛說，
若作如是言，受最苦惡報。

有輕率的人提出「非佛說」，說《楞嚴經》不是佛說的，《四十二章經》不是佛說的，《大乘起信論》不是馬鳴菩薩造的。如此一來，到處成了謠言，會造成佛經沒有聖言量，缺乏可信度，甚至動搖了佛教信仰，這罪過可就大了。佛教的五戒之一，正是「不妄語戒」，就是告誡學佛的人不可妄言妄語。

妄言除了嚴重傷己，受最苦惡報，也會傷人害人。「這不是佛說的」，如果讓人因而受到影響，動搖他人的信仰，斷送他人的慧命，這種妄言的惡報是不堪設想的。

實語、愛語、身口意清淨

我相信很多人對台灣社會的「名嘴」現象，不僅受不了而且痛恨至極。因為這些名嘴已經成了妄語妄言謠言的製造者，電視台成了罪惡的傳播者。那些惡言惡語傷己造業也就算了，製造社會、族群的分裂，深化族群間仇恨，導至更大的政治動亂，罪業也就更大。

一群朋友聊起這個問題，覺得大家有責任起來「撥亂世，反諸正。」（公羊傳）。於是發起「名嘴黑心排行榜」的網路投票，對這些妖言惑眾的黑心者進行反制；名嘴當然是不好，廣大的聽眾也要檢討反省，大家愛聽是非妄言，名嘴就愈說愈來電。於是，我們從聽眾發起反制運動，詳見中國時報，〈名嘴黑心排行榜等你投票〉一文，二〇一五年六月二十日**A16**版。

《四十二章經》第十二章，佛言人有二十難，「不說是非難」為其一者，證之於台灣社會如是，或許人世間皆同，程度有別吧！元代的天如惟則詩句說：「紙上傳來說得親，翻腔易調轉尖新；世人愛聽人言語，言語從來賺殺人。」原來世人都愛聽是非、愛聊八卦，難怪台灣社會「喝咖啡聊是非」，成為一種運動風潮。

以上不論佛言或世間現象，證明「人」真的到處是「病」，人本來就已經是一個「病人」，所以覺悟者稀少。但我認為，因為是病，所以要找尋對治辦法，身口意三者以口最容易造口業，常不知不覺妄言妄語脫口而出，如何治這種病？《大智度論》偈說：

> 實語第一戒，慈語昇天梯；
> 好語小而大，妄語入地獄。

「實語第一戒」，說誠實語言，是做人處事必需守持的第一戒，當成一種「戒」警惕自己，就能對治妄言妄語，誠實是人格的基本條件。實語加上慈語，就能給人信心，給人歡喜，給人幫助，故能有昇天的福報。「好語小而大」，一句好話可能微不足道，但給人信心和影響可就大了。吾人常聽到很有成就的人，把成就他的原因推到小時候，上課老師給他一句鼓勵的話；反之，吾人也常聽說，一輩子打不開的心結，來自小時候老師的惡言。所以妄言妄語如刀箭，是很容易傷人的，我們身為佛弟子修行修口要惕勵在心，常警惕自己，才會有長進，師父也最常講「愛語」，《華嚴經》說：

愛語離眾怖，無上慈悲法；
內得甚深智，能滅諸煩惱。

師父在文章和演講，常提到奉行四攝法（愛語、布施、利行、同事），光是愛語就是一門修行的功課，愛語就是讚歎，讚歎人家的美好。師父常說人都有優缺，人家的缺點或痛處，不要講、不要說，尤其不要張揚人家缺失，在人家痛處撒鹽；要給人安慰、安心、信心，讚歎人家的優點，這樣廣結眾緣，就等於種下很多好因緣，以後自然長出很多善果，得到很多福報。

在佛教吾人最常讚歎佛法僧三寶，如讚佛偈：「天上天下無如佛，十方世界亦無比；世間所有我盡見，一切無有如佛者。」讚歎法偈：「無上甚深微妙法，百千樣劫難遭遇；我今見聞得受持，願解如來真實義。」讚歎僧偈：「僧寶清淨不思議，身披如來福田衣；堪為人天功德主，堅持戒行學無為。」所以，愛語讚歎是一種智慧，是無上的慈悲法，能令自己得到智慧，也能消除人我之間的煩惱糾紛。口業清淨，必有利益於三業清淨，《思益梵天所問經》偈說：

> 若身淨無惡，口淨常實語，
> 心淨常行慈，是菩薩遍行。

吾人通常說的「十惡業」，身造有三（殺生、偷盜、邪淫），口造有四（妄語、兩舌、惡口、綺語），心造有三（貪欲、瞋恨、愚痴），合共十罪業。但十種罪業都由心起，《大乘起信論》有「一心開二門：真如門、生滅門」。《六祖壇經》亦說，「心生種種法生，心滅種種法滅」。《華嚴經》卷三十七〈十地品〉亦云，「三界所有，唯是一心」，所以把心管好，其他都好了！

修行，去那裡修？修些什麼？

幾年前，參加一期「佛光山短期出家」，深刻的體驗了出家人的生活，那幾天也真的按照帶隊師父的要求，真的放下外務，好像也做到身口意的清淨，自我安慰的感覺修行有點小成果。

短期出家結束，「還俗」下山，又一頭栽進職場，等於上了戰場不能不拼，進行著永恆的人我間的爭戰。數月後，幾位短期出家的同道餐敘，都覺得怎麼「酒色財氣」又上身了！有的說要不要再回佛光山「洗一洗」身心！有的說「處處是道場，修行靠自己，不好好修去十回也沒用。」這確是實話。

初學佛的人，通常會跟著前面的師兄師姊，有機會就去道場，聽經聞法或當志工等。但我覺得道場像教堂，比較有常規，就像老師在上課，學生在學習，真正學到多少？會不會將理論用於實際工作？都還不知道？必需等到有一天進入社會，到了工作職場，才是真正驗證所學。所以，整個大社會叢林，整個大千世界，才是最真實的道場。師父有一篇文章〈道場在那裡？〉引古德詩說：

> 刀山劍樹為寶座，龍潭虎穴作禪床；
> 道人活計原為此，劫火燒來也不忙。

這詩偈是一種修行境界，也提示每一個佛弟子，人生處處是道場，有冷氣空調的教室是道場，龍潭虎空是更有用的道場。佛陀十大弟子之一（也是十八羅漢之一）的富樓那尊者，被譽為「說法第一」。他聽說西部輸盧那國的人民沒有信仰，性格凶悍粗暴，他不畏魔難，請求佛陀允許讓他去傳法。佛陀不放心提示他說：「當地人很頑劣，會有危險。」富樓那回答：「越是危險的地方越該去，都怕危險，那誰去呢？」佛陀又問：「若他們罵你呢？」「只是罵，沒打我啊！」「若打你呢？」「只是打，沒要殺我！」「若有人要殺你呢？」「我就把命奉獻給佛教、給眾生！」

後來當地許多人歸信佛法，受了富樓那的感化，這也給佛弟子一個示範，刀山劍樹都是修行的道場。「道人活計原為此，劫火燒來也不忙」，修行人若龍潭虎穴可以做道場，那世上何處不是道場？職場戰場亦是道場，到處可以修行、學習，遍學一切，一切都是學習，《無量義經》偈曰：

歷劫挫身不倦惰，晝夜攝心常在禪；
遍學一切眾道法，智慧深入眾生根。

一個人修行、學習過程中，必需慈心、決心、恆心俱備才行，否則必會「三天打漁，兩天曬網」，一事無成。「歷劫挫身不倦惰」是絕不退縮，絕不懈怠；「晝夜攝心常在禪」，不論日夜都要收攝散亂的心，一顆「不安」的心，如心猿意馬，很容易倦惰，中途而廢。

「遍學一切眾道法」，學佛不能只學一經一門，而是遍學一切，廣學多聞是為了「智慧深入眾生根」，依眾生不同根性，觀機逗教，才能廣結善緣，廣傳佛法。

學遍一切也要注意心態，不要「吃碗內、看碗外」，避免「此山望見彼山高，到了彼山沒柴燒」，須要一些堅持和定力。唐代大梅法常詩偈曰：

摧殘枯木倚寒林，幾度逢春不變心；
樵客遇之猶不顧，郢人那得苦追尋。

「摧殘枯木倚寒林」，已經被摧殘腐壞的枯木，孤立在寒林中，自己散發蕭瑟的美感，他並不羨慕春天，不向春天攀緣。幾度逢春不改其志。「樵客遇之猶不顧」，樵夫看到枯木，理都不理。「郢人那得苦追尋」，善用刀斧的郢人也不想要殘朽的枯木。

這首詩用枯木意象，暗喻佛弟子、修行人，不要隨便見異思遷，不要羨慕榮華富貴，要守住自己的道。安於知足，安住自己的心，肯定自己的道場，如枯木在寒林的堅持和定力，就能安住身心，生出種種妙勝自在。

這個「瞋」，要怎樣修掉？

瞋，確實是一個極討厭，又難纏的傢伙！一個你很想立刻消滅的敵人，想要擺脫永不再見的仇人。最好，是一夢醒來，即無瞋，所有心中的瞋，跑光光！連影子也不見了！這該是多好的風景！多美的境界！多麼真善的一片靈山世界！

這大概是所有凡人的夢，凡人想要追求的世界。從小到大看了無數次《西遊記》，感覺好像只有佛是永不瞋的，連觀世音菩薩好像都曾經被孫悟空氣壞了，瞋怒叱之！但菩薩心中無恨。

人的毛病真是太多了，受色、聲、香、味、觸、法牽引；眼、耳、鼻、舌、身、意，到處不淨；貪、瞋、痴、慢、疑，更是心中的「常住」。而本文不過提到一個「瞋」，就已經很難善了，瞋是修行路上的大石頭，一定要修掉、搬掉，《大智度論》說：

瞋為毒之根，瞋滅一切善；
滅瞋諸佛讚，滅瞋則無憂。

人很容易起瞋心，職場上好位置爭不到、朋友借錢不還或故意整你、相互間不尊重、一句聽不爽的話、情人成不了朋友……一念的瞋恨情緒就上了心頭。結果就是「一念瞋心起，百萬障門開」，瞬間燒掉修了二十年的功德林，慘啊！故說「瞋為毒之根」，若能滅了瞋，一切就是真善美。所以，要怎麼修？才能修掉這塊修行路上的有毒大石頭，不外是「滅瞋」，滅瞋諸佛讚，滅瞋則無憂，滅瞋保安全。

常看到高速公路上，稍有細故，各方就燒起瞋火，把公路當賽車場，引起無窮災難，社會各角落到處是憤怒之火惹起的困擾，破壞社會的和諧，群我間亦是。凡此，皆是瞋火引來的禍害，滅瞋才是減少煩惱，滅瞋至少可保安全。但為何多數人滅不了瞋火？涉及「忍不下那口氣」。《大寶積經》說：

瞋垢背忍辱，懈怠退正勤；
其心不專注，惡慧愚鈍者。

「忍辱」是一種很難的事，平時我們勸朋友忍一忍，退一步海闊天空，事情臨到自己全變樣了。尤其被公然污辱，眾目睽睽，你要發火嘛引來更大衝突，或破壞現場的和諧；不發火，大家以為你是一隻病貓，當笑話看。（詳見《梁又平事件後》一書，文史哲出版，二〇一四年），真是兩難困局，這是忍辱的難處。

但世上之事，難有兩全其美，忍辱難忍，勉力為之，至少滅了部份瞋火，清了少許瞋垢。必需強迫自己去做，不能懈怠，才會有一點點修行的成果，才不會退正勤，不退就是要精進，師父常說我們要努力於四種精進。

◎未生的惡事，要勤勞不讓它生起；

◎已生的惡事，則努力消除它；

◎未生的善事，要奮力使它生起；

◎已生的信心、善行，加油讓它再增加。

人要倒退、惰落很容易，要有一點長進很困難，所以「其心不專注，惡慧愚鈍者」。

想要修行有成果，想要事業有點成，都必需專心至誠的幹活；若心志不專，老想動歪腦筋耍小聰明，應付了事，其實是很愚痴的行為。我們佛弟子，不僅求自己有長進，也期許自己要做一位菩薩，怎能不鞭策自己要精進，《大般涅槃經》說：

若於一眾生，不生瞋恚心；
而願與彼樂，是名為菩薩。

要檢視自己是不是一個菩薩？就看對人有沒有瞋恨心，願意助人，給人安樂，這就是菩薩。說來簡單，但師父確實是這麼說的，所有的佛光人都聽過師父講過很多回。只要能力所及，願意給人助緣，滿人所願，給人信心、給人歡喜、給人希望、給人方便，你當下就是菩薩，所行亦是菩薩道了。

關於「六度」，誰來領導？

六度，是所有佛弟子都知道的六種修行法門，即布施、持戒、忍辱、精進、禪定、般若。此六種法門，不論那一門，只要力行實踐，都可以成就我們的智慧力。師父在《六波羅蜜自他兩利之評析》小冊（二〇〇八年十二月再版），強調大家常誤以為佛教總叫人布施、持戒、忍辱等，好像都對自己不利，實際上是自他兩利的。師父對六度的詮釋，最契合眾生的根機。

（一）布施。是給人呢？是給己呢？看似給人，實際上是給己。布施能度「慳貪」，是自己發財之道。

（二）持戒。是束縛呢？是自由呢？看似束縛，實際上是自由。持戒能度「毀犯」，是自己平安之道。

（三）忍辱。是吃虧呢？是便宜呢？看似吃虧，實際上是便宜。忍辱能度「瞋恚」，是自己做人之道。

（四）精進。是辛苦呢？是快樂呢？看似辛苦，實際上是快樂。精進能度「懈怠」，是自己成功之道。

（五）禪定。是呆板呢？是活潑呢？看似呆板，實際上是活潑。禪定能度「散亂」，是自己安心之道。

（六）般若。是外求呢？是內求呢？看似外求，實際上是內求。般若能度「愚癡」，是自己明理之道。

詳細請自行參閱師父寫的小冊，你必有很大收益，能讓我們在生死大海中，乘六度法船，渡到安樂安心的彼岸。使人從迷到悟、邪到正、苦到樂，從此得度解脫，是故《佛本行集經》曰：

六度成就智慧力，降伏一切諸怨敵；
天魔煩惱及陰等，當得常樂我淨因。

好好在六度下工夫，可以成就智慧力，降伏一切誘惑、障礙、冤家仇敵等，都能有智慧化解。貪瞋痴都是天魔，五陰（色、受、想、行、識）都是麻煩製造者，降伏後就是清淨安樂。

六度孰輕孰重？對初學者言，可能不易全部奉行，只能擇其適合自己的努力去做。《大智度論》說：「五度如盲，般若如導」，顯然「般若」居於領導其他五度的地位。所以般若是六度的根本，能導萬行以入智海，六波羅蜜中，布施、持戒等前五者，凡夫或外道也能奉行；但是有了般若，布施才能「三輪體空」，持戒才能「止作雙持」，忍辱才能「不忍而忍」……有了般若才能達到圓滿，才能轉世間法為出世法。

六波羅蜜中，布施等前五種是為方便，須有第六的般若，才能讓六度成為大乘菩薩道的佛法；若捨般若，前五者只是世間有為法，不名為菩薩道。

按《大智度論》所述，譬如盲人，雖有百千萬眾，無有導者，不能進趣城邑聚落，五波羅蜜離般若波羅蜜，亦如盲人無導，「佛為眾生父，般若能生佛；是則為一切，眾生之祖母。」由上所述，般若為六度之領導。

「般若」是智慧的音譯，但智慧是世間知識，是不圓滿的，般若則是一種「內外圓成」的智慧。所以，師父說般若是外求呢？內求呢？你外求的科學、哲學，總是有分別心的，還是在世間迷悟的攪和，不如向內證悟的般若，如一燈燃百千燈，燈燈無盡，光光無礙；證悟自性，當下百千法界，山河大地，都與你融合為一。我不知道，這是不是中國人「天人合一」的境界？

師父為契合眾生根器，比喻六度如六架飛機，亦如六艘輪船，航向光明的彼岸：布施是「發財號」，持戒是「平安號」，忍辱是「道德號」，精進是「成功號」，禪定是「安心號」，般若是「智慧號」。佛弟子應該先擇「智慧號」，心中有了「領導」，再乘其他各號，自由選擇，皆可航向佛國。

師父總結六度，給他更給己，利他亦利己，度他亦度己，他有己也有。六度，實乃「人我兩利」、「自他得度」的大乘舟航。

把握今生、修福修慧

這輩子竟然已到六十三歲了，師父他老人家在這個年齡時，佛光山人間佛教的宏法事業，早已流遍五大洲，人的智慧、能力竟有這麼大的差別；我維持一家五口的生活，師父傳法千百億萬人，徒子徒孫滿天下。

過去的六十三年，有四十三年回想起來，也真是渾渾噩噩，不知道自己在幹啥？不知道方向何在？不知道人生路要怎樣走！被上級長官當成一個棋子，依長官的需要被推來推去。所以，我後來脫離野戰部隊，來到台灣大學，發現這才是人待的地方，對往昔那些非人生活，極為厭惡，再也不去想，也再也不去接觸過往那些人事。自己檢討一番，當然那一切自己都該負責，但總做不到師父的境界，師父早年也碰到很多苦難，但師父說：「那一切都是當然的。」

四十三歲離開地獄似的野戰部隊，來到台灣大學，瞬間的轉換讓我好像來到自在的靈山。又過了幾年（約五十歲以前），我在台大的一位同事，也是主任教官吳元俊，現在他叫「俊歌」，介紹我接觸佛光山，算是我開始接觸佛教的時候。但都談不上修行，只是到佛光山參加研習營，民國百年後我年年參加「佛學夏令營」。

年年都排出時間參加，今年（二〇一五年）是信義師兄和我二人參加，七月十四日就到金光明寺報到。近幾年我勤於想要完成一些事，包含對佛教想要多知道一些，就是總感覺到「快來不及」了。如元代楚石禪師的詩偈說的：

人生百歲七旬稀，往事回觀盡覺非；
每哭同流何處去，閒拋淨土不思歸。
香雲瑪瑙階前結，靈鳥珊瑚樹裡飛；
從證法身無疾惱，況餐禪悅永忘飢。

三分之二人生盡在荒唐中度過，這些年來常看到名人、藝人，五十左右不到六十就走了。所謂「眼見他人死，我心急如焚，不是傷他人，看看輪到我」，難免想到百年後自己會去哪裡？為什麼不早些把自己要去的地方，做個及早準備呢？

香雲瑪瑙階前結，靈鳥珊瑚樹裡飛，都是西方極樂世界的好風景；在這裡，從證法身無病惱，況餐禪悅永忘飢，沒有老病死的煩惱，每天禪悅為食，永遠不須為果腹而煩憂。凡事早些有備是對的，過去雖有不少荒唐歲月，但師父在〈把握今生〉一文，要吾等修行人不必過於懊悔過去，把握現在最重要，引唐代龍牙居遁禪師偈語說：

昔生未了今須了，此生度取累生身；
古佛未悟同今者，悟了今人即古人。

過去世沒能了生脫死，修行未成者，把握現在，這一生不可再空過了。「此生度取累生身」，不必過於回顧懊悔往昔如何！也不要妄想未來，這一世就要修行成就，要有這樣的志願。

「古佛未悟同今者」，上古諸佛，若未悟道的話，和現在的你並為不同；「悟了今人即古人」，現今的你，只要一悟，就能和上古諸佛平起平坐。

所以，還是不思過去，不想未來，把握現在，就是這輩子，七老八十也好，修一點算一點，福慧雙修，解行並重，這是佛教常說的修福與修慧。《分別業報略經》偈語如是說：

施慧二俱修，所生具財智；
二俱不修者，長夜處貧闇。

「施慧二俱修」，「施」就是福，「慧」就是智，福和慧都要修學。何謂修福？如修橋舖路、施水施茶、助人脫困、禮拜菩薩，都是修福。何謂修慧？研究佛法、聽經聞法、實踐佛法，都是修慧。正是所謂「以聞思修入三摩地」，便是修慧了。

「二俱不修者，長夜處貧闇」，那就永遠看不到光明了。師父常說「公修公得、婆修婆得、不修無得」，又說「各人生死各人了，各人吃飯各人飽」，都警示吾人，修行只有自己來，無人可以替代。

輯　四

生活禪悅　人生境界

有「西半球第一大寺」之譽的美國西來寺落成典禮。1988.11.26

馬來西亞佛光山青年團與《光華日報》邀大師講說「佛教財富觀」，並舉行皈依典禮，共 2 萬餘信眾參加。左起為拿汀陳瑞萊小姐、拿督梁偉強先生、大師、林良實先生。1998.5.4-8

生活有禪，人生有境界

一個人要怎樣生活？才是好的或正常的生活，才是體現人生境界的生活？相信五十歲以下的人想不到這層問題；甚至沒有退出職場的人，大概也不會想這種事。

我目前過著退休生活，接觸的人當然也是一群銀髮族，吃喝玩樂跳舞唱歌，郊遊爬山，國內外旅遊，這些活動可以概約包含退休人員的全部生活寫照。我大概是所有退休人員的例外，我不跳舞、不唱歌、不吃喝玩樂，活到六十三歲，只出國（歐洲十二天）一次，大陸因為「出國」或「回國」爭議大，不列出國次數，大陸也只去六回，這是我退休後為集中全部時間寫作，刻意「修枝剪葉」，無謂的活動全部刻意排除或推掉。

我想過「極簡生活」，追求自己的生活品味，台大好友約十個，軍校同學不到十位，文藝界數位，佛光山會友三五人，這樣就夠了。在我寫作、工作之外，偶有好友飲茶聊天，談談心事，我希望生活簡單、有禪味、有點境界。尤以接觸佛法後，若能在生活中也體現佛法，不是更有境界嗎？明代大思想家王陽明詩偈說：

飢來吃飯倦來眠，只此修行玄更玄；
說與世人渾不信，卻從身外覓神仙。

世上所有活著的人，那個不是「飢來吃飯倦來眠」？甚至其他動物，不也是餓了吃疲倦就睡？為什麼說「只此修行玄更玄」？

佛法常說人身難得，生為人身確實不容易。若人生只在吃喝玩樂應酬遊玩，我覺得很可惜，很對不起這個「人身」；生活應該有些禪意，人生要有一些境界和成就，而不是那天走了，沒有「東西」讓業帶著走！我們這輩子，房產、地產、財富、美酒、新的國標舞步、山友……一切都帶不走，只有「業」相隨跟著你生生世世。為此，我們要善用這輩子，才能有「東西」與業相隨。聰明的讀者，這「東西」是什麼？

師父最常講這個典故，每年回佛光山參加「佛學夏令營」，上課的法師也常提到。有人問禪師：「禪師！您怎麼修行的？才能讓生活有禪意。」

禪師回答：「就是吃飯和睡覺啊！禪在飯裡！」

問者反問：「我們也同在吃睡，這也是修行嗎？感受不到一點禪意！」

禪師搖頭說：「不然！你吃飯時看手機、接電話，食不知味，你甚至根本不知道自己是在吃飯；你睡覺時，心中想著白天的得失，輾轉反側，睡不安眠，你心不安，定不下來。可是我吃飯就是吃飯，菜根也是香的；我睡覺時，內心平靜，睡得很安然。所以，同是吃飯睡覺，效果就不一樣了。」

真正的修行，就在生活中的食衣住行去落實，這才是最高的生活禪，而不是去山上找神仙，回到城市又把持不住，內心不安。禪不在心外求，要從自己內心的轉變開始，蘇曼殊有一首詩偈說：

禪心一任蛾眉妒，佛說原來怨是親；
雨笠煙簑歸去也，與人無愛亦無瞋。

何謂禪心？就是無人我、不計較、不執著，一種自然，一種安住，生活中就會散發美妙禪意。有了禪心，對人家的嫉妒、外界障礙，就能無所動心；有了禪心，冤家可以看成親友，當成逆增上緣，成就我們的修行。

下雨了，頂斗笠，穿簑衣，回到家就安穩自在。佛法禪心，就是我們人生的家，保有無愛亦無瞋的心態。三祖僧璨大師說：「至道無難，唯嫌揀擇，但莫憎愛，洞然明白。」愛憎不能偏，要中道些，生活少掛礙，培養平等觀，冤親平等、佛魔平等，一切盡付笑談中。《大智度論》偈說：「禪為守智藏，功德之福田；禪為清淨水，能洗諸欲塵。」

禪能守護我們智慧的寶藏，也是功德的福田。簡單說，禪就是不動心。只要不動的禪心，八大颱風（稱、譏、毀、譽、利、衰、苦、樂），都吹不動了！

禪也是清淨水，能洗掉所有欲塵，乃至「花叢中裡過，半點不染塵」；生活中有禪，心情不會輕易隨外境起伏不定，忽喜忽悲了！這不就是人生所要的那一點境界嗎？

隨緣生活，一無所求

生活到底要怎樣安排？才是最好的！這大概可以讓人在不同的年齡層，不斷的調整，不斷的「喬」來又喬去，也許永遠「喬」不到最佳「模式」。這就看個人的習性和根器吧！想要過怎樣的生活？想要怎樣的人生吧！

我在學佛前後，是兩種很鮮明的不同模式，這個分水嶺也在我四十三歲時，離開野戰部隊到台灣大學報到。之前，覺得人生不過是「升官發財」，若不為升官發財，一步步向上爬到高官，房子愈換愈高級，那麼人生所為何事？

同學一個個都在高位上耀武揚威，光宗耀祖，我仍在下面苦哈哈，確是不好受。

來到台灣大學後，我的生活開啟一面神奇的窗，不久好友吳元俊（俊歌）接引幾個主任教官（信義、長基和我），參加佛光山活動，我才有機緣接觸佛法。經過幾年的接觸，其實大家也談不上很積極參加活動，但多年聽經聞法、聽法師上課開示多少有益，尤其我喜歡讀師父的作品，讀《人間福報》上的〈星雲說偈〉等。漸漸的，我感覺人生的境界，就在禪意佛法中，之前那些升官發財念頭竟不見了，隨緣生活真是美好的境界。

前幾年把唯一的一部老車賣了，腳踏車送人，出門就靠脛駒，名下又無房產地產。我成了名實相合的「無產階級」，兩袖清風，頓覺無比輕鬆，更感覺到「隨緣生活、一無所求」，人生的境界就在其中，如唐代龍山禪師詩偈說：

三間茅屋從來住，一道神光萬境閒；
莫作是非來辨我，浮生穿鑿不相關。

佛教的因緣、緣起法，可以讓人理解宇宙人生萬象的真相，故能進而看透世間的功名利祿的短暫性、無常性，使身心安然閒適，無有牽掛。

「莫作是非來辨我，浮生穿鑿不相關」，不論人事如何紛擾惱人，心都可以如如不動，淡然視之。相對於淡泊緣起的另一面，是有的人過著「縱欲」的人生，還有人過著「禁欲」的人生，縱欲和禁欲都有失中道。師父認為，我們都是欲界眾生，離不開有欲望，只須要節制欲望，以佛法讓自己上進奮發，不論貧富，都不被名利欲望牽著鼻子走，精神就能昇華，而隨分自在，處處是境界。

師父常講弘一大師的故事。有一回，弘一大師的好朋友夏丏尊教授來訪，和他一起用餐。餐桌上只有簡單的一盤菜，夏丏尊吃了一口，實在難以下嚥，又不好嫌棄，就說：「這菜好鹹啊！」沒想到弘一大師面不改色，淡淡地回答：「鹹也有鹹的味道！」

夏丏尊看到他使用的毛巾破爛不堪，於心不忍，就說：「我買一條毛巾送你吧！」他笑說：「還能用嘛。」即便床鋪到處有臭蟲，換作別人已住不下去。但是當夏丏尊說：「怎麼住得下去啊！」弘一大師卻說：「不要緊，只有幾隻。」就這樣，自在安睡，一覺到天亮。

所以，人生的境界不能用官位、財富去計畫，佛法常講三界唯心、萬法唯心。「只要自覺心安，東西南北都好」，現在身為「無產階級」的我，覺得一切都好，一無所求，寫了一百本書，能不富有嗎？宇宙三界盡在我的書中，我是這個「精神王國」總統。清朝的竺庵大成禪師有詩偈曰：

> 伯勞西去雁東來，李白桃紅歲歲開；
> 萬事無過隨分好，人生何用苦安排。

宇宙萬象，人生萬事，都在聚散無常，「緣起則聚、緣散則滅」，就如李白桃紅，花開花謝，很平常自然的事，人生的老病死亦如是。與其費盡心計苦安排，追逐升官發財，倒不如隨力、隨分、隨緣、隨善，一切想要的只須向內求己，這道理很玄妙，很管用！

就是師父常說的，求財不如勤儉，求安不如守戒，求名不如隨分，求助不如結緣，求福不如修身。師父更常開示：「經營人情、不經營利益；經營分享、不經營個人；經營善友、不經營錢財；經營知足、不經營五欲」。

啊！這正是人生的境界，一無所求，全部擁有；不爭天下，而有天下。升官的辦法在不求，發財的途徑在布施，神奇啊！

人生之最勝何在？

回顧這輩子幾十年，都在追求什麼？和絕大多數人一樣，追求最殊勝的，追求成為勝利組，或最少也要過關組。學生時代追求最好的成績，很多同學在拼前三或前十名，前百名也行，因為選科照成績比序。

畢業了，到部隊，也是天天拼成績、拼考核，為了要佔缺升官。有人拼考試要去讀碩博士，或準備下去做生意賺大錢，我是這種想法之一。人生最殊勝、世界最寶貴，就是財富，有了財富就有了一切，當然就有了境界，住在豪宅裡，四周是自己廣闊的田園，所有的勞役都有僕人在做，我和懷裡的美人聊天喝咖啡，抽著從古巴進口的雪茄看風景。這就是人生境界，也是人生之最！

說給很多人聽都笑破了肚皮，以為我在編故事，但確實我這夢從年輕編織到快四十歲才醒過來，正好也合孔子老人家說的「四十不惑」，我才結束了追求財富的境界。這也等於夢的破滅，等於境界成幻，人生走向幻滅，也是很難過的，覺得自己像一隻鬥敗的公雞，戰敗的狗，只差沒去跳樓！

直到快五十歲，接觸佛教，在佛法中找到「新境界」，真實可以讓我感受到最勝與珍寶，這是不同於世間財富的「法財富」。為紀念五十歲得到新境界、新財富，我有一本書名之《五十不惑》（時英出版，台北，二〇〇四年）。這種感覺，如師父在〈世間最勝〉一文，引《根本說一切有部毘奈耶》詩偈說：

信為丈夫最勝財，善法常修能利樂；
諸味之中實語最，於諸命中慧為勝。

從來不知道信心、善法、真心話、慧命，可以是世間最寶貝的財富，聞所未聞。往昔，最常提到的世間珍寶，是豪宅、田園、鑽石、瑪瑙、金銀、財寶。

「信為丈夫最勝財」，成就一切事，尤其信仰，都要信心；往昔我信心破滅，才陷入困局，如今找到信心有了新境界。

「善法常修能利樂」，懂了因果，了解因緣、緣起之道，就知道要結好緣、種好因、修善法，才有機會收善果，得好報，能不利樂乎？講真心話最美味。《金剛經》說佛陀是「真語者、實語者、如語者、不誑語者、不異語者」，至誠不欺才能得到眾人信任，真心話就是寶貝。

「於諸命中慧為勝」，色身生命之外有慧命，色身生命短暫，但智慧的生命，如立德、立言、立功，最為長壽與殊勝。《大知度論》亦說：

若人得信慧，是寶最第一；
諸餘世財利，不及是法寶。

「世間第一寶是什麼？」假如以此為題讓十個大學生和十個六十歲長者回答，第一寶當然只有一個答案。這二十個人的二十項答案是什麼？大家猜猜，能答出「信慧是世間第一寶」又有幾人？

信仰和智慧是世間第一寶，「諸餘世財利，不及是法寶」，世間財富都是一時的，隨時無常而失去，且有好有壞，並不究竟的。惟信心、信仰和智慧，得以恆久，得以種下善因善緣，得以有「東西」隨業流轉。身為佛弟子，吾等必需警惕自己，對於世間財富的正確觀念，《心地觀經》詩曰：

眾生所有眾財寶，更互追求常不足；
求不得苦恆在心，老病死火無時滅。

一味追求世間財富問題大，正當手段者「人為財死」；不正當手段者，詐欺、侵佔、貪污或害死別人。求之不得苦恆在心，煩惱無窮，到了「老病死火無時滅」，也只好空手來，空手去了。

師父常說「錢用掉才是自己的財富，有錢是福報，會用錢才是智慧。」近幾年來，我乘擔任「台灣大學退休人員聯誼會理事長」的機會，推動師父這種觀念，獲得很好的回應。大家也看到一個新境界，人生之最勝何在？是信心、信仰、善法、真心話。

我現在是首富

比爾蓋茲、郭台銘、今年四十五歲大陸打工妹起家的藍思科技董事長周群飛，都曾經是首富，世界級或國家級首富。這些首富都是世界公認的，有根有據，幾千億身價，讓全世界媒體瘋狂報導。但現在我要說，我也是首富，也是有根有據的，佛弟子不會妄言。《大莊嚴論經》曰：

雖無諸珍寶，及以資生具；
能信三寶者，是名第一富。

回顧二〇〇八年，我和俊歌參加佛光山第六十二期短期出家修道會。在「出家儀範」中，先禮佛三拜、迎請和尚、香讚、南無本師釋迦牟尼佛（三稱）、誦心經、和尚問語、懺悔發願、皈依。最後和尚開導說：「諸善男子、善女人，汝等既已出了家，並發了大願。當於戒期中，嚴守戒律，認真學習威儀規矩，來朝再為汝等秉宣授戒，汝等能依教奉行否？」

出家者答：「依教奉行」。

所謂貧富是很奇妙的，這世上有「富有的窮人」，也有不少「貧窮的富人」，幾年前各界稱陳水扁是「窮的只剩下錢」。所以，貧富並非以多少財產可以評斷的，雖無諸珍寶財富，乃至生活也困難，「能信三寶者，是名第一富」。佛法僧是三寶，有了這三寶，懂得因緣果報的道理，就有慈悲、善法，是名第一富。

我雖短期出家，但也參加正式皈依大典，確是三寶弟子，依《大莊嚴論經》，我說首富，並非妄言。師父亦有一篇文章〈不貧為富〉，引《大寶積經》說：

設有伏藏千億餘，以貪愛心無厭足；
猶如大海吞眾流，如斯愚人最為貧。

「設有伏藏千億餘」，相信像郭台銘、周群飛等都是千億以上的地區首富，若他們都把錢財抓得死死、藏得緊緊，不做公益，不願布施，不顧弱勢死活，且還「以貪愛心無厭足」。外界不會稱他們首富，而只是貪得無厭者，幸好他們都不是，新聞也報導過他們的慈悲布施。

「猶如大海吞眾流，如斯愚人最為貧」，這種如大海吞眾流的貪婪，我想起兩個人，吳淑珍和趙建民及他們家人，多麼愚痴可怕。孔子讚嘆顏回說：「賢哉，回也！一簞食，一瓢飲，在陋巷，人不堪其憂，回也不改其樂。」顏回真可說是「貧窮的富人」；反之，陳水扁「窮得剩下錢」。兩種正邪善惡的財富觀，成強烈對比，給歷史和後人做永恆的警惕。

《大寶積經》提示佛教的財富觀說，「財物如幻亦如夢，愚痴眾生被誑惑；剎那時得剎那失，何有智者生愛心。」佛經裡說，財神是個美女，她走到那裡大家都歡喜。但財神有個妹妹緊跟著，是個黑美女，她專利用機會花掉人們的財富。所以錢財「剎那時得剎那失」，不可能永久持有，走了也帶不走。只有智者，知道財物如幻亦如夢，知足常樂，心中有三寶，當一個「精神財富的第一首富」。在《妙慧童女經》裡，有個年僅八歲的妙慧童女問佛陀，怎樣可以得到富貴圓滿的人生？佛陀提供四種法門：

一者應時行施，二者無輕慢心；
三者歡喜而與，四者不希果報。

「應時行施」，是指布施要能及時，在人家最需要時伸出援手。「無輕慢心」是修行者必需養成，在人我間相處的情境，《六祖壇經》言，「欲求無上菩提，不可輕於初學，下下人有上上智，上上人有沒意智；若輕人即有無量無邊罪。」所謂要成佛門龍象，先做眾生牛馬，無輕慢心都是一個起點。

「歡喜而與」，布施在不自惱，不惱他的情況下行布施，歡喜給人，才是「無相布施」的境界。無相布施者，是無布施的我、無受施的人、無布施之物，此三者皆不著於心，船過水無痕。

體認無常的人生境界

民間傳說，人在最後時間快到時，閻羅王就派黑白無常來捉人。還說閻王要你三更走，不會留你到四更，可見閻羅王是很講信用的。

正信佛教所指的無常，是根據緣起法，宇宙萬象隨緣而變，分妙都在變，所謂「緣起則聚、緣滅則散」正是。我們每個人只要靜心觀四週，一切的一切事物，都在瞬間就產生聚散離合、生滅起落，無常就是常，我們所有眾生都在無常之中瞬間就面臨生滅。所不同者，智者覺悟到無常，奮起把握當下活出生命的意義，讓人生在無常中有了恆久的境界；愚者不知不覺，也就不知無常何在？醉生夢死，或誤解無常而今朝有酒今朝醉。是故，吾人要正確解讀無常，《佛本行集經》偈說：

世間無常燒眾生，猶如劫火毀萬物；

無常猶如水泡沫，亦如幻焰無一真。

這幾年來我們看到世界上許多無常災難，馬航失蹤、高雄氣爆、八仙粉爆、非洲動亂戰火、地中海和中南半島海上漂流的難民，還有幾乎無日不有的「人肉炸彈」，在許多地方爆炸，很多人來不及叫苦就走了。那些還要「案子夠大」，新聞媒體才會爭相報導，你才會知道，更多的災難無時無刻在發生，世間無常燒眾生，猶如劫火毀萬物，我們每個人都是活生生的見證者。每個人都在看，看到什麼？有的是「有看沒有到」，他無感無覺，他懵懵懂懂，他渾渾噩噩；應也有人看到「無常猶如水泡沫，亦如幻焰無一真」。若是，他體認到了《金剛經》的四句偈，「一切有為法，如夢幻泡影，如露亦如電，應作如是觀。」

佛陀在講完《金剛經》後再提示須菩提，如果有人，以充滿無量阿僧祇世界七寶，用以布施。另有善男子、善女人發無上菩提心，受持這部《金剛經》，哪怕只用這四句偈，他能信受讀誦，且為他人解說，他的福德自然勝過七寶布施的人。所以，我們體認生命的無常，並非讓人悲觀而輕視生命，而是讓人發無上菩提心，提昇人生的境界。普賢菩薩警眾偈說：

是日已過，命亦隨減，如少水魚，斯有何樂。
當勤精進，如救頭然，但念無常，慎勿放逸。

另在《金色童子因緣經》則說，「寢宿過是夜，壽命隨減少，猶如少水魚，斯何有其樂。」認清無常，在鼓舞人慎勿放逸，把握難得生為人身的機會，把握當下可用的時間和生命，活出意義和境界，做出對社會和國家的貢獻，以利益眾生。在我身邊認識的朋友中，最能體認無常，警覺自己像一隻少水魚而不放逸，是漸凍勇士陳宏先生和他的夫人劉學慧師姊。我曾有一本書，《漸凍勇士陳宏傳：他和劉學慧的傳奇故事》（台北：文史哲出版社，二〇一一年五月），就在記述、讚歎他們的故事，他二人的傳奇感動許多人，鼓舞了許多面臨無常的朋友，也能活出一片天空，活出了人生的境界。

陳宏這隻「自在的少水魚」（他有一本書就叫《自在的少水魚》），如今已在西方極樂世界，聽佛講經說法，或與高僧大德品茶論道，但他的作品，他和師姊的傳奇故事，依然在人世間啟蒙許多人，感動許多人。蕭萬長先生在《自在的少水魚》一書推薦序，〈優游出大海的氣象〉一文，講到他喜愛的兩本書，一是法國前 Elle 雜誌總編輯多明尼克·鮑比在病倒後，用最後僅能活動的左眼寫出《潛水鐘與蝴蝶》；另一是美國同是漸凍受苦的墨瑞教授，與學生最後的十四堂生命課程，由學生撰寫的《最後14堂星期二的課》。讀了陳宏先生的書，發覺他們三人雖然天地只存一床，身心卻無比自在，他們都是「多水魚」，優游出大海的氣象。

《長阿含經》說，「世間無常，人命逝速，喘息之間，猶亦難保。」如《四十二章經》佛問沙門，人命在幾間，有言數日間，有謂飯食間。子未知道，終於有答對者，人命在呼吸間。

人命無常，慧命不死，我們要把握當下可用時間，證悟真實的慧命，這還要靠色身來完成，所以要愛惜這個色身；有了這個色身，保持健康，才能悟得因果、因緣、緣起、無常這些真理，生活有禪悅，人生有境界。

人生自古誰無死？不怖於生死

師父有很多文章講解生死的問題，這幾年慧開法師的「生死學」，也在各大學很夯。二〇一四年的佛光山佛學夏令營開師父來上課，他的名著《生命是一個連續函數》（台北：香海文化，二〇一四年七月）在現場大賣，開師父在現場為粉絲們在書上簽名勉勵，我書他寫「生死自在」，我期許自己，並努力做到生死自在。

開師父這本書對生死有精彩論述，〈生死探索〉輯談人死後還有沒有？人死的時候會不會痛苦？人死後去那裡？人為什麼會死？生命意義何在？另有〈輪迴的現代理解〉、〈現代生死學〉、〈生命的永續經營〉、〈生命的終極關懷〉等輯，深入淺出解析生死問題，很值得讀，可解心中許多惑。

按開師父在該書〈人死了以後會去那裡？生命的未來出路〉一文，影響乃至決定一個人的未來生命，主要有三方面因素：（一）個人過去身、口、意三業力所累積的習氣。

（二）自己對未來所懷抱的願景、方向與規畫。（三）個人當下的判斷、抉擇和現在所做的努力。一言蔽之，人死後會去那裡？由過去業力的牽引、未來願力的引導與開展，而最重要是現在智慧力和精進力的推動。

歷史上很多高僧大德在面臨死亡，都展現自在的境界，這當然是靠自己修行的功力。在現代社會也有不少這樣典範，前面提過的漸凍勇士陳宏，也有醫生宣判只剩半年生命的人，他乾脆當背包客四處遊玩，結果病好人健在。高僧可以靠「法力」，我等凡夫可能還要幾分勇氣，才能一心不亂，《坐禪三昧經》曰：

生時所保惜，死則皆棄捐，
常當念如是，一心觀莫亂。

吾人從出生，讀書成家立業所為何事？拼了一輩子，最後家大業大，千億財產是公務員幾輩子賺不到的。但大限到了，死則皆棄捐。所以師父常說，對於死亡要有心理準備，「常當念如是，一心觀莫亂」，平時對佛法有修習，能夠理解生死是由因緣、業力所至；再者，對佛法有修行的人，他也深知因果，他必然在有生之年種了善因，結了善緣，他心裡有數，他知道從此一去要到那裡？他清楚明白。因此，他也能一心不亂，不怖於生死，生來安然，死也自在，《景德傳燈錄》詩偈說：

佛不見身知是佛，若實有知別無佛；
智者能知罪性空，坦然不怖於生死。

要參透生死，不怖生死，多讀《金剛經》應是有幫助的。《金剛經》所述「若見諸相非相，即見如來」、「離一切諸相，即名諸佛」，都在警惕我們不要執著於相（肉身色相）。在〈離色離相分〉第二十，佛陀和須菩提有一段對話：

「須菩提！於意云何？佛可以具足色身見不？」

「不也，世尊！如來不應以具足色身見，何以故？如來說具足色身，即非具足色身，是名具足色身。」「須菩提！於意云何？如來可以具足諸相見不？」「不也，世尊！如來不應以具足諸相見。何以故？如來說諸相具足，即非具足，是名諸相具足。」

佛告須菩提說，不應從圓滿莊嚴的色身去見如來，為何？因為圓滿報身（具足色身），只是因緣假合的幻相，緣盡則滅，不是真實不變的實體，只是個「色身」的假名而已。《金剛經》多處強調，「無我相、無人相、無眾生相、無壽者相」，一切相，都不過是因緣聚合的假相，都是不能執著的。

佛不見身知是佛，佛是一個法身，才是真正的佛身。「若實有知別無佛」，佛也不能從知識、知覺系統去尋找，那是有分別心的，佛在無分別智中。「智者能知罪性空」，有智慧的人明白罪福都是分別心造成的，所謂「罪性本空由心造，心若滅時罪亦亡」，若能消除分別心，就能「無緣大慈、同體大悲」，慈愛眾生，不受惡業牽引，坦然不怖於生死。

佛弟子能否參與革命？掃除腐敗

身為佛弟子，能否參與政治？或說和政治要保持多少距離？對於國家、政府要保持何種態度？若國家陷於危亡，政府充斥貪污腐敗，政客盡是一些黑心，陷人民於苦難，佛弟子還能「莫見他邪正」嗎？不顧外界黑暗，而在一個小世界裡自在修行？

關於與政治的距離，師父說過多次「關心而不干政」的原則。例如二〇一六年大選事，師父已在《人間福報》發表多篇文章，只談選賢與能、說真話、真心為民，不為任何黨派個人加持，保持公正、公平的態度。

甚至國際政局大事，師父也都關心。國際佛光會第五次世界會員代表大會，於一九九六年八月五日，在法國巴黎國際會議廳舉行，師父以〈平等與和平〉為題演講，內容講到全球的意識型態對立、分離運動、恐怖主義、限武、禁核等議題，乃至伊拉克、波士尼亞、朝鮮半島、台海等問題，要以佛法的慈悲、平等觀處理，才能促進和平。這是一個出家人對世局的關心，不論那一國人，都是他心懷的眾生。

至於佛弟子對國家的態度，也是很正面積極的。佛教所謂「上報四重恩」，這四恩是父母、眾生、國家、三寶。報四恩並不求取什麼！所以有說是「崇恩主義」（聖嚴法師），對於一個正信佛教徒，不容懷疑他的國家意識，佛教徒是愛國的。

以佛陀自己為例，佛陀的祖國是迦毘羅衛國，屬釋迦種族。在佛陀晚年時代，舍衛國的青年國君琉璃大王，為報復迦毘羅衛國在他少年時給他的侮辱，發動大軍，誓言消滅釋迦族。佛陀知道了，便一個人在琉璃王大軍必經之路上，坐於一棵枯樹下，任由烈日曝曬。琉璃王見了問佛陀：「何不坐在有葉的樹蔭之下？」

佛陀的回答很感人：「親族之蔭故勝外人。」（增一阿含卷二六等見品之二）就這樣，琉璃王三次進軍，三次都被佛陀在枯樹下退軍。到了第四次，佛陀知道這是釋迦族的共業，也是無法挽救的定業，才放棄挽救故國的努力。

在吾國歷史上，玄奘、法顯在異國，都得到很高尊榮，仍念念不忘返回祖國的懷抱。在唐代的安祿山造反，神會大師為助郭子儀，大事募款，接濟軍需，才終於平定安祿山之亂。類似史例在吾國歷史上舉之不盡，在抗日和國共內戰期間，佛教徒做了很多救濟工作，政治上太虛大師主張「問政不干政」，很值得重視。

孫中山先生領導國民革命，以革命手段進行推翻滿清統治，建立中華民國時，當時的高僧宗仰印楞提供很多經濟上的援助。此外，宗仰上人也曾和章太炎、蔡元培在上海創立「中華教育會」，擔任過會長，並受中央政府表揚，是一位深具菩薩願行的愛國僧人，他有一詩：

乾坤事了續參禪，坐破蒲團不計年；
依舊江天依舊寺，推窗喚醒老龍眠。

「乾坤事了續參禪」，指中華民國成立，建國大業已經完成，他無意做官，持續他的宏法修行生活。「坐破蒲團不計年」，不計歲月，一心於參禪修持。

按師父在〈覺醒〉一文所述，宗仰禪師曾在江蘇省金山寺（又名江天寺）做過監院，因此有機會成為住持。但他因參與中山先生的革命事業，由他的一位法弟接住持，他從上海回到鎮江，想為他的法弟祝賀，大家以為他要回來搶住持之位。於是宗仰修書請人送到金山寺給他的法弟，「汝兄回山，並無此意，吾弟知悉，儘管放心。」表明此番回來，非爭做住持，故說「依舊江天依萬寺」。他目前的心境並不為個人計，「推窗喚醒老龍眼」，只想叫醒中國這條老龍，大家要覺醒了，不要再醉生夢死了。可見他身為出家人，仍心懷國家民族。

《五分律》說，「見世之過患，身自依法行，賢者不樂惡，為惡不樂善。」《曆代法寶記》亦說，「但修自己行，莫見他邪正，口意不量他，三業自然淨。」這些，僅用於個人小我的修行，用於為人處事種好因好緣的律己標準。但若碰到國家危亡、民族興衰，政局腐敗，佛弟子應有更積極作為，乃至參與革命，掃除腐敗，才更合佛法之要旨。

天風直送禪佛來，也是人生的境界

回顧前半輩子的苦追求，不知如何形容其苦悶與失落。曾經立過的志向，全都如泡沫；曾經胸中懷著「將相本無種」，最後覺得是騙局。而所謂「男兒當自強」，所有自強的追求，也是一場空。那種感受，如吾國明代一個叫念菴的修行者的詩偈：

急急忙忙苦追求，寒寒暖暖度春秋；
朝朝暮暮營家計，昧昧昏昏白了頭。
是是非非何時了，煩煩惱惱幾時休；
明明白白一條路，萬萬千千不肯修。

前半輩子不知道是怎麼過的！渾渾噩噩，昧昧昏昏，做著不切實際的發財夢。而放著「明明白白一條路、萬萬千千不肯修」。對我而言，那時眼前並沒有明明白白一條路，而是根本無路，看不到路，也找不到路。相信若真有一條明明白白的路，我還是會走，不會萬千不肯修，只能說自己先天不良，後天不足，因緣未到。或者，和很多笨蛋一樣，年輕不知不懂因緣，非到中老年才有所悟。

記得有兩次請別人幫忙找路，一次是民國七十九年老友安排到國安局，後因宋心廉發現我的「不良記錄」，在最後一里路受阻。另一次是三軍大學畢業，也是無處可去，找學生時代老連長崔萬靈幫忙，被他痛責一番，他說：「二十年了，一封信、賀卡都沒有，你現在找我幹什麼？」他揚長而去，他當時官拜陸軍中將，專管人事。

那些都是過去的煙塵，或許每個年齡層都住在不同的世界，景觀也不同。四十歲看不到的境界，六十歲卻有了，今年正好我到台大二十年，如今的境界好像古德有一首詩偈說：

一天風月流空界，隔嶺鐘魚應海潮；
江月不隨流水去，天風直送海濤來。

「一天風月流空界」，彰顯永恆的宇宙、短暫人間，形成強烈的對比。問題在，人到何時才能感受人生短暫，而及時奮起修行呢？

「隔嶺鐘魚應海潮」，隔一重山，傳來隱隱鐘聲和篤篤木魚聲，與海潮相應者，多麼圓融調和的境界。人生從事一切作為，相應感應就自然天成，如能力和工作相應，知識和專業相應，志趣和環境相應，身心和佛法相應。現在我和一些人事環境有了相應，人生有了境界。

「江月不隨流水去」，流水去了，江月不隨著漂流，江月能把握自己，不隨波逐流。現在我如江月，我有我的風流，我說了算數！

「天風直送海濤來」，天風陣陣吹，送來一波波海濤聲。很多事情，自己條件夠，境界有，人家自然會送來給你，不須自己去苦苦求人。二〇一三年春，台大退聯會要選新任理事長，選前我公開表明三回不當，結果還是我；二〇一五年春，我公開發表一份「不連任聲明書」，結果推不掉的盛情還是接任了。這是因緣，也是開悟、更是境界，前半輩子都沒有！

離開了野戰部隊，到了台灣大學以自由學風聞名的環境，接觸佛法，發生很多奇妙事：天風直送因緣來，天風直送禪佛來，天風直送真情來，天風直送友誼來……在台大當了快三年理事長，幾個很負責的組長，關姊、志恆、雅慧、明珠、鵬佛、秀錦、存仁，似乎是天風送來給我的。

掃地煎茶及針罷，更無餘事可留心；
山門有路人皆到，我戶無門那畔尋。

——唐．龍牙居遁

生活真的就是要懂生活，生活就是佛法，生活就是禪，這是修行者的基本「功力」。離了生活，即沒有佛也沒有禪。什麼是生活？不外是吃睡行住坐臥事，除此，「更無餘事可留心」，修行不要有太多掛礙，無住生心才能有境界。

「山門有路人皆到，我戶無門那畔尋」，寺院道場有路有門，人人可到。但是，有一種人人可走可到的路，卻沒有門，無門才是大門，是四通八達的路。意思說，道是不能執著於那個門可進可出！當下生活就是門，就是道。除了當下的生活，別處無道！

學佛、作佛，佛在那裡？

初學佛者，老搞不清楚怎樣是佛？佛在那裡？雖然師父說了「人人皆有佛性」，而且「你就是佛！」「我是佛、他是佛」。但是，放眼看看四週，未見有佛，倒是隨處可以看到罪犯、狂人、討厭鬼！黑心商、黑心政客，否定了列祖列宗的不孝子孫！不見靈山，只見顛倒世界！

無論如何？吾人學佛、學作佛，也想看見佛。《金剛經》有幾處，對初讀初學者是一頭霧水，不易弄懂。〈離色離相分〉第二十，「如來不應以具足色身見」；〈法身非相分〉第二十六，「若以色見我，以音聲求我；是人行邪道，不能見如來。」；〈威儀寂靜分〉第二十九，「如來者，無所從來，亦無所去，故名如來。」；〈如理實見分〉第五，「凡所有相，皆是虛妄。若見諸相非相，即見如來。」這些，都要苦思冥想，才能略有所悟。不過《六祖壇經》說：

真如自性是真佛，邪迷三毒是魔王；
邪迷之時魔在舍，正見之時佛在堂。

這裡的觀念，回到《大乘起信論》的「一心開二門：真如門、生滅門」、《華嚴經》卷三十七，「三界所有，唯是一心」及卷十九「一切唯心造」的唯心思想，所謂「唯此一心」是也。可見是魔是佛，是迷是悟，是染是淨，一切唯心造。

吾人本心性就是真佛，邪迷時是魔，正見時是佛。正見是佛陀初轉法輪時開示的八正道之一，餘七是：正思、正語、正業、正命、正勤、正念、正定。師父在《從四聖諦到四弘誓願》小冊，解釋「正見」是，正見因緣果報、正見善惡業力、正見無常苦空、正見空有不二。如是正見，佛便在眼前了。《華嚴經》說：

若得見於佛，捨離一切障；
長養無盡福，成就菩提道。

這首偈說，如果我們能見到佛，就能捨離一切煩惱、障礙，長養無盡的福報，成就菩提道。但是哪裡可以見到佛？師父們常說的一偈是，「佛在靈山莫遠求，靈山就在汝心頭；人人有個靈山塔，好向靈山塔下修。」所以，佛在哪裡？大地山河到處是佛，你心中有佛，吃飯時佛就在身邊，睡覺時佛在枕邊。所謂「朝朝共佛起，夜夜抱佛腳」，到處有佛在。師父這麼說的，真實不虛，晚上吃飯、睡覺，仔細看身邊，佛與你同在。

佛光山啟建水陸法會，好多人都說看到大佛轉身，師父認為我們不一定要看到大佛轉身，心能否與法契合更重要。行佛、作佛最重要，光看何用？只看不行也是白做工。師父有一篇文章〈作佛不難〉，先引《大寶積經》偈詩曰：

常自調順不放逸，一切能施無妒嫉；
慈悲念於諸眾生，彼人不久當作佛。

「常自調順不放逸」，常常自我要求，「調順」是調整自己的性情習性等，不流於偏激、暴力，心地柔軟，調伏自己，管好自己一顆心。不放逸，是不放縱自己，不隨便，行住坐臥有威儀。「一切能施無妒嫉」，能行布施，不妒嫉人家的好。慈悲念於諸眾生，彼人不久當作佛，這個「不久」，不知是多久？至少總是遲早請你作佛。

作佛，有那些工作要做？想必這是比較實際的，二千多年來，每個時代有每個時代的任務要完成。二〇一五年六月間，一場佛教和天主教的攜手對話，「梵蒂岡宗教對談會議」，在梵蒂岡「瑪麗亞會議中心」舉七天。佛光山由滿普法師、妙西法師及覺泉法師等代表參加，妙西法師以「從人間佛教看融合的意義」為題演講，提出星雲大師的四點見解：（一）佛教希望人我和諧，不希望彼此對立。（二）佛教希望同中存異，不需要異中求同。（三）佛教希望中道緣起，彼此互相尊重。（四）佛教希望和平共存，不希望殺戮戰爭。

我相信以上四點，是廿一世紀人類面臨天大的難題、天大的挑戰、天大的工作。佛弟子要作佛、行佛，不就是要深思這四大任務，並努力實踐力行其中你可以做的！

佛教天主教 攜手對話

在梵蒂岡舉行的研討會中 佛光山法師提星雲大師4見解 獲熱烈回響

⬆滿謙法師（左一）、妙西法師（左二）及覺泉法師（左三）代表致贈星雲大師著作《釋迦牟尼佛傳》英譯本給教宗（右）。圖／心孟提供

⬅教宗與出席梵蒂岡「佛教與天主教對談研討會」的各國家與地區代表合影。圖／心孟提供

人間福報 2015.6.29.

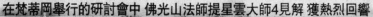

輯　五

讀《貧僧有話要說》心得報告（上）

澳洲「中天寺婦女法座會」成立，大師前往開示。1994.10.11

讀1說：〈我還是以「貧僧」爲名吧！〉

小時候武俠片看多了，片中有很多「貧僧」、「貧尼」、「貧道」，所以我對「貧僧」之名，很自然能夠接受。再者，從小我對「貧僧」就很敬佩，原因也是來自武俠片，江湖上很多邪魔歪道，最後出來平息武林紛爭，主持武林正義者，也大多是某一武功高強的「貧僧」，尤其是少林寺的貧僧，是我小時候心中的大英雄。至今，也還大致如是。

有點年紀後，在某個因緣牽引下，我有機會於二〇〇七年（佛曆二五五一年）十二月廿二日，在台北道場皈依三寶，禮拜星雲大師為三皈本師，法名本肇。幾年來，對佛光山和師父的作為，為我們這個社會所做的一切，我有一點初淺的了解，又喚醒我小時候心中那些「貧僧」的形像。師父率領著所有的「貧僧」們，為台灣社會所做的犧牲、奉獻，從《貧僧有話要說》的四十說看，真是維護了佛教的尊嚴，彰顯了台灣社會的正義；若無這四十說及熱烈的回響，看不出台灣社會的「正義」尚存在否？

這第一說，師父略提童年出家到創建佛光山各類事業，佛光山名下財產（大學、寺院等），何止千百億！但師父仍是個貧僧，「享受貧窮也是一種快樂」，這已經不是凡人的境界，而是佛的境界；「以無為有、以空為樂」，《金剛經》多處講到法布施勝於財布施，因為財富不論多大，都是有限的，法布施則是無限的。師父有無限的法樂禪悅可以施給眾生，故能安貧樂道，並成為佛光山所有法師們尊行之宗風，能如此堅持下去並影響大陸，中國佛教的振興就更樂觀了。

說到這裡，我不得不講一下，期待大陸的佛教有更積極的改進。按我多次參訪大陸、新聞媒體報導、朋友師生所見，綜合而言，大陸多數寺院道場、名山古剎，仍然僅做「生財工具」之用。不少地方的和尚都是上下班，上班是個出家人行禮如儀；下班了和一般人無異，肉照吃、酒照喝、舞照跳。如此這般，不是佛教，更不是歷代祖師大德傳下來的佛教。

師父把佛光山宗風、人間佛教理念又傳回大陸，影響力正在擴大。師父曾說，佛教可以實現「中國夢」。我亦期待大陸能普及正信佛教，中國夢就愈來愈近了。

這一說，師父也講到慈濟功德會的證嚴法師，我也敬佩慈濟人，他們確實做到「無緣大慈、同體大悲」，人家確實腳踏實地做善事。而媒體、名嘴不深入理解，就深刻惡毒批評，似乎要把慈濟毀滅，實在很痛心的一件事。那陣子，我覺得社會好像都中了名嘴、記者的毒素，只會開口罵人，很多人說名嘴和記者真是台灣的亂源，確實是！

　　這一說，師父最後期許大家，「不要排斥宗教、不要詆毀信仰、我們的文化是寬容的、是厚道的。」吾國自古以來，文化裡就有各種宗教，從未有「一神教」或「一神論」，師父不僅說了公道話，也說了中國文化裡宗教信仰的真相！

讀2說：〈我對金錢取捨的態度〉

據我初淺的理解，中國的正信佛教出家人，是不治私產，也不能擁有私產的。（註：我所謂「正信佛教」，如佛光山、中台山、法鼓山、慈濟都是，在台灣我認為這四個系統的都是正信佛教，其餘吾不得而知，故不述。）所有的一切財物，全部是寺院公有，僧團是最完美的「共產主義團體」。

是故，當師父說他是「貧僧」，我完全可以理解。在這一說，師父談了他對金錢的取捨態度，有幾處我深有感觸，也有共鳴，有一段話師父這麼說：

一個遠房親族譏笑我說：「和尚的錢財，都是念經得來的。」我認為這是對我們人格最大的傷害污辱。就是和尚念經的錢，也是辛苦所得，何況這錢，都是靠我自己的智慧、能力、努力所獲取的。你輕視佛教，就等於輕視我，親人有這樣的思想，我只有和他斷絕往來。

這段話我很佩服師父的勇氣，以果決的態度，保護個人人格和佛教尊嚴。我之所以有同感，是因為我也碰到類似的事，也不和這類人往來。有些人很狂妄，從不尊重別人，踐踏別人的尊嚴。詳見拙另著《梁又平事件後》一書，歷代祖師大德，乃至佛陀，都講過要遠離惡知識，親近善知識。還有一段話，我也甚有同感，師父說：

所以修行也要帶一點窮，才知道要向前走。大概我一生都是守貧、守窮，就知道為佛教要努力，所以也能為佛教創辦事業。

這個道理在基督教的耶穌也說過，富人進天堂如駱駝穿針穿孔，根本不可能。師父此處說「帶一點窮」，在我有兩種詮釋，一是經濟能力，二是身份地位。很有錢的人、很有地位的人，不會去修行，不會接觸佛教，通常只是來當「貴賓」，在某種大典中致詞，如此而已。

近幾年，我每年參加佛學營，碰到很多老哥老弟，都是校官以下，只有一次碰到民國七十七年我在大樹當砲兵營長時，任四三砲指部指揮官的涂安都將軍（少將退）。為什麼地位高的人，不會想到要修行，不會想到自己應該要信仰佛教，可能是因為現狀很富裕，難有信佛因緣吧！再者，信佛必需「放下身段」，回到「平常心」狀態，對高官是難為的。這一說師父講一則故事，很有啟發性。

這位涂安都將軍，是我數十年來所見，唯一可以放下身段，以平常心和老部屬相處的人。有一回，我邀他參加佛光山佛學夏令營，他欣然同往。與幾個小老弟相處數天，我們都叫他「師兄」！

佛陀和阿難走在路上，見地上幾塊黃金，佛陀跟阿難說：「阿難，你看！這是毒蛇。」他們就走過去了。旁有田裡工作的父子聽到，跑來看說：「哪有毒蛇？黃金嘛！」很歡喜的拿回家了。當時國家規定百姓不准私藏黃金。

這對父子被以私藏黃金被捕入獄，在獄中父親對兒子說：「兒呀！哪是毒蛇。」兒子回答說：「哪確是毒蛇。」父子都在受了苦難後，才悟到金錢可以成為善財，也可以成毒蛇！

讀3說：〈我究竟用了多少「錢」？〉

師父這輩子至今到底用了多少錢？我想已經不計算其數、不可估算了，全球三百多道場，大學、中小學、幼稚園、孤兒院、養老院、人間福報、編佛教大典、救災濟貧、各種獎學金、文化、文學、社會公益獎……真是說之不盡，含所有硬體建設，師父用掉的錢，少說可能要上看幾千億，很嚇人吧！

從另一面看，這是師父以一介貧僧的因緣，所創造的財富，這是因他的緣起而有的。以有形世間財算，是幾千億；但這幾千億創造出無數人才為社會所用，給全人類帶來的文化價值，給無數人帶來歡喜、信心，給很多人有認識佛法的機會。如此，千億世間財便轉換成無限億的法財，這亦就是《金剛經》所言，財布施有限，而法布施功德無限量的道理。所以，師父這輩子因緣而有的世間財是幾千億，但創造的法財佈滿五大洲，不可稱量。

師父為什麼可以創造這麼多世間財，還有無量法財？在第二說已有「伏筆」。佛光山開山之初，有同道說，前面高屏溪的水向外流，向師父警告地理不好，保不住錢財。師父聽了很歡喜，因為水就是法財，正好「法水長流五大洲」。佛光山不要儲財，佛法能長流五大洲，佛教還會沒有財富嗎？我自己聽師父說過多次，佛光山不要儲財，有錢要花掉，錢花掉才是自己的。師父，誠是上上智之人也！

讀4說：〈佛陀紀念館的風雲錄〉

這篇文章開宗明義，就提到有史以來三個最窮最窮的人：佛陀的大弟子迦葉、孔子的學生顏回及天主教的德蕾莎修女。

師父提到這三個人，就世間財來看，他們確屬「赤貧」級的窮人，依世間有為法標準，他們都有資格接受社會救助，年節也會得到慈善機關慰問，領個小紅包過日子。而真實狀況又如何呢？

他們啟蒙了很多人，感動了很多人，給很多人無尚信心。所以，實際上他們救了很多人，他們的「法財」多到無量數，依無為法看，他們是極富有的窮人，是偉大的窮人。他們為人說法的法布施是無為法，能夠幫助一切眾生斷煩惱、了生死、出三界。他們的法布施功德，勝過地球上所有慈善企業家財布施的總和。不懂我這樣舉例論說的人，或有所懷疑的人，請自行去詳讀《金剛經》吧！

師父常說「世界上沒有真正的窮人」，正是此理。窮不窮？富不富？是富是窮？都在一念之間。佛法常說的「萬法唯心」「一切唯心造」，不是嗎？

佛陀紀念館花了很多世間財，如今是南台灣最夯的觀光景點，是兩岸最佳的文化、藝術活動展場，每年和千萬人結好緣。這一切來自一個貧僧，他的不積聚、不私蓄性格，十方來錢，十方去，就是要把錢花掉，才能創造無量數法財與無量數功德。

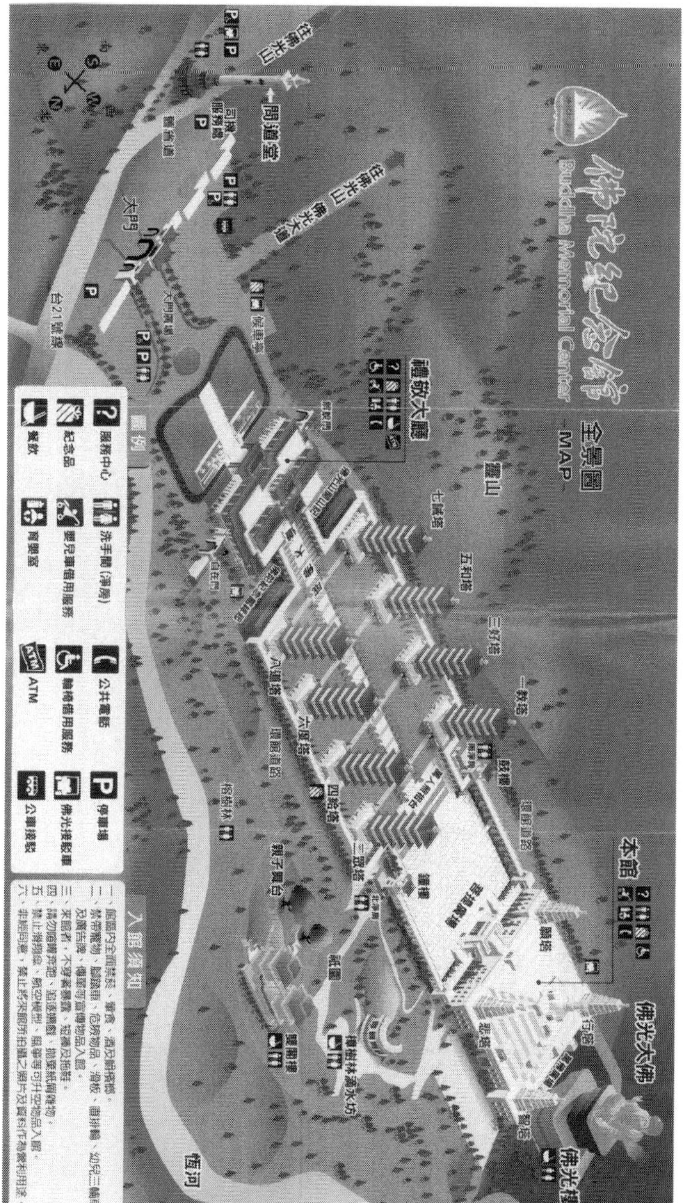
佛陀紀念館
Buddha Memorial Center
全景圖
MAP
禮敬大廳
本館
佛光大佛
佛光樓
靈山
七誡塔
五和塔
三好塔
一教塔
八道塔
六度塔
四聖諦塔
大門
台21號線
恆河
圖例
服務中心
紀念品
餐飲
嬰兒車借用服務
育嬰室
公共電話
輪椅借用服務
ATM
停車場
佛光接駁車
公車接駁
入館須知

讀5說：〈雲水僧與雲水書車〉

曾幾何時台灣已是老人社會！星期一到五，所有觀光景點全是老人家在拼經濟。我聽到很多退休的銀髮族說，退休比沒退休還忙，行事曆上排得滿滿，參加的團體，算一算有幾十個，都是一些閒聊八卦吃喝的活動，也有少數較「正經」的活動，如做志工等。

參加過團體（組織，職場以外、無給職），擔任過一方領導（如會長、理事長等）的人，就有很深刻的感受，要做成一件事不容易，因為願意做事的人不多；而只想「沾個邊」的人很多，退休了，玩樂第一，幹嘛搞一堆事做？何苦呢？這是絕大多數退休銀髮族的心態，其實也算正常，退休了嘛！當然就是退下來休息，到處吃喝玩樂跳舞旅遊，才是王道！

因此，我才很佩服師父，任何時候動一下嘴，揮一下手，就能號召成千上萬的義工、志工，完成一件「轟動武林、驚動萬教」的大事業。師父的號召力、動員力，真的超越孫中山先生的革命號召，就以本說的雲水醫院、雲水書車和滴水坊義舉等，在全台灣各角落，上山下海，為弱勢者服務。這些都是了不起的事業，除成千上萬「免費」的義工，各種硬體設備，幾十年下來，少不了又是幾個億的開支。

但世間財都是有限的，能聚合成千上萬個好因緣，進行了無限的法布施，為社會所創造的法財也是無量數。能完成這樣的大事業，也要靠許多願意付出、能夠布施的功德主，如師父在這一說提到的香港蔡蝴蝶、高雄翁貴瑛，乃至賴維正、劉招明、羅李阿昭、馬廖雪月、謝炎盛、劉珀秀、陳和順、蔡國華、謝承濂、白清楝、蔡璧玉、黃碧霞、江陳喜美、陳寶月等。好事應該傳千里萬代，我的筆讓他們的善舉再傳一哩！

目前「雲水書車」（行動圖書館）壯舉，又漸漸擴大範圍，香港和宜興大覺寺雲水書車，已在二〇一四年啟動，揚州鑑真圖書館雲水書車，於今（二〇一五年七月）年已啟動。

可預見的未來，師父開創的佛光山雲水弘法（扶弱濟貧、雲水書車、監獄布教等），雖然花了一些世間財，但這些因緣所創造的法布施、法財則是無量數的，影響是全人類的千秋萬代。如師父在這一說，說「回顧貧僧這一生雲水弘法，撒下菩提種子，如今長大，不但自己花果滿樹，又在各地撒播種子，結果實在無限無量。」

我說這種影響是無限量的，法布施的功德也是無量數的。絕非妄言（佛弟子不妄言）。如常法師開發了雲水書車的「週邊產業」，兒童說故事比賽、小作家徵文比賽、兒童繪畫比賽、兒童歡樂藝術節等活動。每次參加的小朋友都千人以上，甚至六、七萬也有。

年年如是，會有多少小朋友受到啟發、影響，在他們成長之初就有機會接觸佛法，他長大後對佛教會有怎樣的護持？

讀6說：〈佛光山「館」的奇緣〉

難以想像，佛光山在地球上竟有二十多個美術館、四十多個圖書館。典藏著無數中華文化珍寶和典籍。原來師父除了是宗教家、作家，也是藝術收藏家。

師父七十年弘法歲月中，建了無數的「館」和「舘」。起初四十年建佛光山，是為僧寶教團；再後的十年建佛陀紀念館，是為佛寶教團；即將完成的藏經樓，是法寶聖地。再由「佛光大道」貫穿佛、法、僧三寶的佛光山本山教團。

師父以一介貧僧，窮一生之努力，廣結善緣，匯聚眾因緣，合千百萬眾生功德，完成佛法僧三寶大健設，這誠然也是人間之奇蹟，千百年後必也是歷史之奇跡。

「館」這個字，大約小學生就會用了，我用了一輩子從未在用法上，區分「館」和「舘」的不同。師父卻很早有所區分，屬於精神食糧，如圖書館或美術館，用「食」旁館；凡信徒、客人住宿的，用「舍」旁舘，可見師父的細心和有見地。

師父他老人家這輩子也夠辛苦的，只有一句台語可以形容他，「吃苦當成吃補」。如他在六說之末，所牽掛的仍然是佛法傳揚。他說貧僧想著，藏經樓完成，有了「佛光大道」，把十多個樓、閣、館、台、連結一體，通行無礙，讓「佛法僧」三寶俱全，所有過去的辛苦就不值得計較了。

讀7說：〈我的歡喜樂觀從哪裡來？〉

絕大多數人的歡喜樂觀來源，不外是佔缺升官，發財如中樂透、股票大賺、幾十個月的年終獎金。其他如高中狀元、金榜有名、擁有一個好老婆或好丈夫、有了知心朋友……杜拜住一晚、乘油輪旅行……郊外買一塊農地，從此不問世間黑白，快樂當農夫。

以上那些歡喜快樂，或許算是很正常的。另有次之者，吃喝玩樂跳舞，留連酒家、夜店、賭場，每天狂歡、派對，名車女人換來換去。也是一種快樂、樂觀，李白不是說了，「生前一杯酒，勝過身後千載名」。畢竟，這個世界，聖賢是稀有物種，絕大多數是俗子，悟者少而迷者多，昏醉者多而清醒者極少。

師父的歡喜樂觀來源，必然是與眾不同的。他在文前先說了，從內心泉源裡面來，從思想通路裡面來，從大眾相處裡面來，從人我關係感恩中來，從工作勤奮成就中來。這很不一樣吧！或許這就叫「禪悅法樂」！

在〈賺到歡喜　世間財無法比〉一節，師父講到一則因緣，在我看已是很傳奇的人物故事。五十年前要開創佛光山，沒有工程師、沒有建築師、沒有專家，只有一位初中畢業的木工蕭頂順先生，因幫忙建幼稚園的因緣，貧僧也帶他上山建佛光山。

蕭先生不會繪圖，師父當然也不會。他們竟憑著一根樹枝，在地上畫出這棟建築物的長寬高，就開幹了。蕭頂順先生後來也把他父親請來，加入建設行列，並將兩個兒子送去讀工科學校，畢業也回來建設佛光山，可以說一家幾代人都奉獻佛光山。

五十年來，這批木工、鐵工、泥水工、瓦工，油漆工、綁鐵工，都是原班人馬。莊嚴的佛光山建築，竟然是這樣建起來，真是超越「金氏記錄」的記錄，是佛法的傳奇記錄，他們以他們的方式行佛。此期間，有外面人要來挖角蕭先生，他說：「我在佛光山賺到了歡喜，這是世間所有財富都不能比擬的。」有此奇緣，師父他老人家能不歡喜樂觀乎？

當初那褚柏思夫婦，把佛光山這一大塊地，付託給師父，可謂付託得人。如今佛光山成為全球佛教徒之聖山，兩岸中國人參觀的第一景點，師父能不歡喜乎？

師父也是一個幽默作家，佛光山有些土地是玉琳國師（清順治皇帝的老師）買送的，大悲殿是觀世音菩薩幫忙建的，大雄寶殿是佛陀幫忙蓋的，師父能不歡喜乎？

師父在全球到處講經說法，每場弘法聽講的大眾，往往幾千幾萬，皈依大典更是難以數計。如今，佛光普照，法水長流五大洲，師父能不歡喜乎？

佛光山的出家弟子一千多人，個個都是人才，博碩士多得叫不完，由他們傳承師父的人間佛教。未來由他們把佛教傳回中國大地，佛教復興中華，實現「中國夢」已可預期，師父能不歡喜乎？

讀8說：〈人間因緣的重要〉

「因緣」這兩個字，我能理解、初淺悟得，其實才沒幾年，年紀一大把了，看了佛光山很多師父的作品，講述有關因緣妙理，我才有所悟得。

師父曾說「最可靠的保險是因緣」，這真是人間「鐵律」，就像這一說，人的眼睛要看因緣，看「道」，道就是因緣。啊！這樣的真理、寶物，為何沒有在年輕時發現？現在看因緣，如在公園、海邊坐看黃昏。

世人最多是「向錢看」，看上不看下，看那裡有「高缺可佔」。或看愛情、名利、看美女、看值錢的東西，因緣值幾文？看因緣真是聞所未聞。第一次叫人眼睛要看因緣，是師父星雲大師他老人家。

師父在〈星雲說喻〉有一篇文章，叫〈只看到黃金〉。有個人在銀樓看到櫥窗放一塊黃金，一時起貪念，搶了就跑。在店家和路人的窮追不捨，終於制伏送給警察局。搶匪一到，警察就說：「好大的膽子，竟敢在眾目睽睽下搶黃金？」搶匪說：「對不起！我當時只看到黃金，沒有看到人啊！」

所謂「講時似悟，對境生迷」，人容易偏看偏聽。看見名利忘禮義，看見財富忘廉恥，坐上大位忘厚道，守著財富不見人，有了愛人忘父母，官當大了就不要舊友。凡此，都是只看到榮華富貴擁有，不看因果，不顧因緣，以後都會付出慘重代價。

▲東禪佛教學院師生一行，參訪揚州鑑真圖書館，大家對大廳的鑑真大師像雙手合十，以示景仰。
▼上海星雲文教館禪堂體驗禪修。

這一說，師父叫我們看因緣，文章裡師父還列出不少結了好因緣的人：陳正男、林聰明、楊朝祥、曹仲植、李美秀、賴維正、辜振甫、吳伯雄、陳林雲嬌、戰淑芬、吳修齊、趙麗雲……數十人。但這輩子和師父結好因緣的人，應已不計其數，在全球各地辦皈依、弘法演講，場場都是幾萬人，馬來西亞有一場八萬人聽講，這種因緣影響深遠，可能影響幾代人！改變一個地區的文化。但在這一說，有一段話讓我很震撼，師父說：

> 我這一審查才發現，貧僧業障深重、貪恚無明、瞋恨嫉妒，實在內心不能一看，甚至比喜歡看財、看色還要更醜陋。我有嫉妒心，我有貪欲心，我有瞋恨心，我有無明愚痴心……那時候，我的身高已經快近一八〇公分，忽然感覺自己比別人矮了一截，別人都比我好、都比我高，我實在是見不得人。原來，我不但是貧窮，而且是醜陋。

這段話讓我驚訝，像師父這樣的大師，已很接近聖人，尚且這樣深刻、坦白的自我反省。那我等，貪欲心、瞋恨心、嫉妒心……更有多少？須要「修掉」的有多少？

由此反觀，我也看到一些人，壞事做絕而永不認錯，背叛列祖列宗，傷害了全台灣人，說自己是為日本祖國而戰，而他是當過領導的，吃台灣人血肉的人，從不反省自己，可悲啊！可悲！

讀9說：〈我怎樣走上國際的道路〉

聽師父講他在全球各地開山弘法的故事，真是精彩、有趣又幽默，更多的是不可思議的感動，三天三夜聽不完，比西遊記引人入勝。例如這一說，提到最初到美國要找地方建寺，有這麼一則像「神話」般的不思議：

記得有一次在多倫多旅行，看到那麼廣大的土地、那麼多的公園、那麼多的空地，我就想，在台灣，要找一塊地建總統府千難萬難，要是在加拿大，建一百個總統府都不難。我覺得在這裡應該要有個寺院。

因此，在遊覽巴士上，我指著窗外問大家：「這麼大好的一片土地，你們有誰願意在這裡建寺嗎？」同行的依空法師舉手說：「我願意。」他是台中弘光護理專科畢業，也略通英文。我一聽，就說：「很好！」立刻就叫大巴士停車，「你在這裡下車吧！」我給了他二千塊美金之後，他也二話不說的在路邊就下車了。我就這樣把他丟在多倫多，讓遊覽車繼續前進。佛光山能在多倫多發展，起初，就這樣茫無目標……

西來寺短期出家 英語系人士近3成

人间福报. 2015. 7. 17.

女眾新戒各班班首依次由引禮法師手上接過出家人必備的「具」。 圖／人間社記者周善在

【人間社記者善淨洛杉磯報導】佛光山西來寺日前舉行「二〇一五年短期出家修道會」，一百七十二人體會佛門生活，其中有二十九名七至十四歲的青少年參加「青少年短期出家修道會」，他們將在十九日隨同法師遵循古禮托鉢應供。值得一提的是，此次英語系參加者近三成。

此次戒會考量英語系參加者近三成，寺方將課程分為中、英文兩種語言同步展開，以利美籍戒子能更容易契入佛法義理。英文課程有西來寺監院滿光法師教授「Monastery Languages and Affairs」；美佛光出版執行長妙西法師談「The True Meaning of the Buddha Dharma」；西方寺妙藏法師教授「The Noble Search．Great Lives of Eminent Monastic」，讓英文戒子能直接聆聽法義，無須透過翻譯機轉述。

在開堂和尚、西來寺監院慧浩法師與引禮法師指導下，眾新戒在修道會中學習出家人威儀行止；西來寺住持慧東法師與國際翻譯中心主任依超法師，分別講授「沙彌十戒」與「式叉摩那六法戒」。

為讓戒子安心辦道，戒常住特別禮請佛光山寺住持心保和尚專題演講；佛光山中美寺住持隆相和尚開示「菩提心」；歐洲海外都監院院長滿謙法師講授「貧僧有話要說」等，為戒子洗淨心靈。

這個舉動若發生在一般人身上，麻煩可大了，遊客要告公司、告導遊「遺棄罪」，官司打不完了。可是，這些貧僧們竟就這樣，開出一片美麗風景，如今在全球有五個大學、三百多道場寺院。神話成真，佛國淨土在地球各處真的呈現了！

當然，要走向國際，要法水長流五大洲，不是「用嘴巴說」就好了，按師父在本說是民國六十四年開始有的因緣，如王良信、應金玉堂、慈莊法師、依宏法師等許多僧信二眾的發心努力，至今正好四十年。此期間，有很多人才要培養，須要國際人才。例如這張剪報，二〇一五年西來寺短期出家修道會，一百七十二人參加，有三成是英語系人士，為能直接聆聽法義，滿光法師、妙西法師、妙藏法師，都用英語講課，直接和老外佛子接心。

這些頂尖人才都不是突然冒出來的，也不是會前高薪挖來的，而是許多年前，師父就有的國際眼光，有把佛法傳遍世界的願力，把弟子送出國去留學。今天，美國西來寺、澳洲南天寺、巴西如來寺、南非南華寺、法國法華禪寺及五所大學，都有一批頂尖的弟子在主持。師父用四十年，弟子們再努力四十年，地球就是佛國了。

讀10說：〈我弘講的因緣〉

這一說開始，師父提到結緣的方法，我覺得重要也很有啟發性，是一般人所不知不懂。頭腦好有智慧，可寫作從文化上弘法；口才好可講經說法，從傳教上弘法；頭腦口才都不好，發心修持，做慈善事業，也是弘法。

若以上三者都欠缺，就得靠自己任勞任怨、廣結善緣了，只要真誠與人結緣，大家都會願意。結緣，不一定要用錢，不一定要請人吃飯，用勞力也行；若勞力不行，有好心、好意、讚歎、給人歡喜、給人方便，都是結緣，結了好緣，種了好因，以後都有「好果」收成。

依我看，師父每一種方法、法門都俱備，在二十六歲時，第一次在宜蘭雷音寺講〈觀世音菩薩普門品〉，從農曆二月初一講到十九日。按師父說，這二十天的經驗，每天聽者兩三百人，講完有一百零八人發心皈依三寶。從此，師父覺得自己註定這輩子，就是以宣講配合寫作來供養社會，弘揚佛法。

師父最早在宜蘭弘法，接著台北各大講場，再到香港紅磡體育館，場場都是數千數萬大瀑滿，師父思索會有人潮來聽的原因，是把佛經語言化成現代語言，一般人能聽懂。每年在香港紅磡講三天，連續講二十年，這真是傳奇，師父說是走向國際的里程碑。走向國際，紅磡助緣最大，香港的佛教長老，如覺光法師、永惺法師等，都出席支持；以及郭富城、鄺美雲、丁佩、鄭佩佩、冉肖玲、曾志偉、陳曉東等大名星都皈依了三寶，這些都是好因好緣。

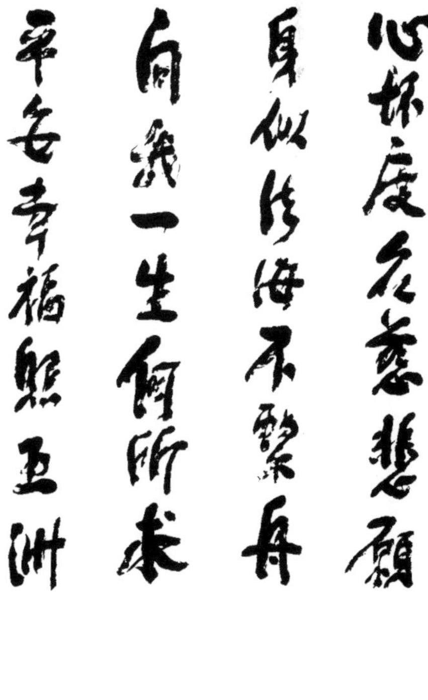
心懷度眾慈悲願
身似法海不繫舟
問我一生何所求
平安幸福照五洲
星雲

一九八八年，香港紅磡開講後，很快傳遍全世界，各方響應，在世界各地遍地開花。天主教教宗若望保祿二世邀訪，英國、法國、澳洲、南美各國，紛紛建立了寺院道場。在北美各地講《六祖壇經》、《心經》，更有聽講的學生成為皈依弟子。最空前勝大的一場弘法，是一九九六年四月二十一日，在馬來西亞吉隆坡莎亞南國家體育館，由慧海法師舉辦「萬人皈依典禮暨萬人獻燈祈福弘法大會」，由師父主講〈人間佛教人情味〉，當天有八萬人參加；有六位華人部長，林良實、黃家定、林亞禮等，都參加這次大典。

十多年後，二〇一三年，覺誠法師又再度於莎亞南體育為師父舉辦弘法大會，參加者也是八萬人，其中有四萬人皈依。這是何樣殊勝的因緣？

除了走向國際，在台灣、大陸的弘法更是積極，因為以佛法復興中華，以佛法促成兩岸和平統一，始終是師父的心願。他老人家說過好幾回，佛法可以實現「中國夢」，因為佛教自古以來就是中國的國教。

讀11說：〈貧僧受難記〉

讀這說，我初則意外，後感敬佩。這一說，師父把這一輩子受到的苦難、壓迫、歧視、屈辱、傷害，以及自己當時忍不下那口氣，做出忤逆犯上的行為，全都真誠告白。有些是還原歷史，有些是不是「清算」？就由讀者「自由心證」了。

師父的第一次苦難，是在棲霞山寺被他的師父志開上人開除了，好像被宣判了死刑。開除原因是帶頭打籃球，打籃球有違背佛法嗎？這可見七十年前的中國社會封閉，佛門也封閉。但師父敢抗爭、敢改革，只是他當時才十七歲，已有滿肚子理想。

師父第二次災難也很驚險，二十一歲時，在白塔山大覺寺裡被人綁走，被關了十多天，險些被拉去槍斃，後給師兄們營救出來。到底是國民黨、共產黨或土匪幹的，永遠都不知道。這次的苦難，師父心中亦無懼，只覺得人生真是像水泡一樣，如《金剛經》所說：「一切有為法、如夢幻泡影。」

師父的第三次災難是來到台灣後，約是民國三十八年五月，行政長官陳辭修下令，逮捕大陸來的一百多位僧侶。包括慈航法師、律航法師（即中年出家的黃臚初將軍），師父是百餘僧人中之一。這回被關了二十多天，多數槍斃，有的用麻袋包起來丟到海裡。部份靠吳國楨的父親吳經明先生、孫立人將軍夫人孫張清揚女士，及立委董正之、監委丁俊生等人，奔走營救，師父才又脫險。

「以無為有」是大師生活之道

師父受到東初法師侮辱，不准他和大家一起吃飯，叫他到廚房去吃飯，但廚房都陌生，不好意思，只好空肚下山。雖受屈辱，心中無恨，更發願以後要普門大門，歡迎大家來吃飯。後來佛光山各道場都廣開山門，歡迎任何人來吃飯，願意來吃飯就是好因緣，施和受同等功德。這正是佛光山能聚眾千萬因緣，共成全球弘法大業的原因吧！師父常說心量有多大，你的世界就有多大！

這一說也講到受南亭法師、白聖法師的屈辱，師父都當成逆增上進的機會，思考如何突破難題。我以為，一個人活在世上幾十年，在人群中碰到種種關係要處理，不可能全是順境，必有許多逆境。所碰到的人，也不可能全是君子，不可能都理性相互尊重，可能碰到非理性的語言霸凌，我也曾有過這種屈辱經歷，可另見我《梁又平事件後》一書。

受到屈辱後，如何不起瞋恨心，化為上進的力量，從中學到東西，從中得到修行領悟？師父做了正確的示範。

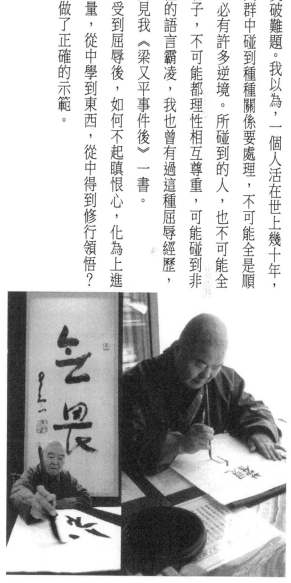

讀12說：〈貧僧兩岸往來記〉

佛教自唐宋以來，就是我們中國人的「國教」，只因滿清中葉以後的衰敗，西洋勢力的入侵，佛教也連同中華文化一樣，被我們自己丟掉，如同丟掉一雙破鞋；曾有一段時期，光是丟掉還不足以表達心中的討厭，還要把所有中華文化丟進矛坑裡，只要西化，只要馬列！

佛法是中華文化三個核心價值之一（另二者是儒、道），當然都隨著中華文化一起遭殃，被國人誤解，被國人當成破鞋，漸漸式微，成了只有死人才須要「佛事」，說來這也是佛教的「法難」。

這些歷史，師父心中清楚明白，因此復興中國佛教也是師

閩台文化一體同源，兩岸偶戲專家學者交流座談

父心中的大願，遲早必使佛教成為廿一世紀中國國教。這幾十年來，以佛光山之名辦的兩岸宗教、文化、文學、藝術交流，應該都是圍繞著這樣的核心意義和目標，啟動並深化所有的活動。

光是看硬體，按這一說，由佛光山因緣促成有：江都聾啞學校、仙女廟、揚州鑑真圖書館、南京雨花精舍、南京大學佛光大樓、上海佛光山文教中心、北京光中文教館、規模最大是宜興大覺寺，這是師父的祖庭。所謂佛光山因緣促成，不一定是佛光山自己花錢。例如，仙女廟是蕭碧霞師姑的發心布施；上海佛光山文教中心，是香港佛光協會會長陳漢斌夫婦的供養。但不論誰的錢，世間財十方來，十方去，這十方千百萬信眾因緣，成就佛光山偉大的事業，成就復興中國國教，成就「中國夢」的實現。

所以，我要告訴所有佛光山的佛弟子們，我們所花的每一分錢（不要去計較布施或贊助等名相稱謂），都會「轟動三界、驚動六道」，隨業流轉，影響生生世世，影響神州大地的子民千百年。

在這一說，師父也提醒我們幾個重要的觀念（也是基本信念）：首先是「我的祖國是在中國，我是中國人，也是地球人。」次者，我們都是炎黃子孫，何必要把界限畫得那麼清楚呢？再次是認同「九二共識、一中各表」，台灣人不能否認自己是中國人。

確實是，師父反問大家，你不是中國人，哪麼是那一國人？是日本國人嗎？還是美國人？若你不是中國人，那麼血液中流的什麼血緣？

讀13說：〈我被稱爲「大師」的緣由〉

每個人除了姓以外，大多還有好幾個名、字、號、別號、小名、學名，或有筆名、藝名等。此外，隨著不同工作，帶來更多職務稱，張董、李總、陳院長、楊教授……以我自己為例，因當過台灣大學軍訓室主任教官，就有叫我陳主任、陳教官。我寫作四十年，也用了幾個筆名，藍天、司馬千、司馬婉柔、鄉下人；但我最「壯觀」的名號，是一九九五年出版《決戰閏八月》和《防衛大台灣》二書後，大陸封我的「台灣軍魂」，我也真的希望自己是「台灣軍魂」，名實要相合

才有意義。

這一說，師父講到他被稱「大師」的原由，我認為是因為他的「立德、立言、立功」，已到了大師的層次，別人才會叫他大師。以師父創建佛光山至今的規模，我以為他已是大師的大師，我身為佛弟子不能像說八卦那樣胡言；拿近代佛門被稱大師者，太虛大師、弘一大師、虛雲大師、印光大師，乃至學術界的錢穆大師、唐君毅大師等，做一個普遍比較，星雲大師當之無愧。

但師父說社會有人叫他「政治和尚」，貧僧心中稍有芥蒂。後來有位電影導演劉維斌先生，告訴他「政治和尚」表示你很有力量，能為群眾講話，此後師父就釋懷了。到了現在，師父說完全不介意了，就是成佛，也只是一個假名，何必在這些假名去計較。我深有感受與受教，《金剛經》講到心、佛、眾生，都不過是假名。

佛說般若波羅蜜，即非般若波羅蜜，是名般若波羅蜜。〈如法受持分第十三〉

若菩薩有我相、人相、眾生相、壽者相，即非菩薩。〈究竟無我分第十七〉

所言一切法者，即非一切法，是故名一切法。〈究竟無我分第十七〉

按《金剛經》之意，心、佛、眾生、凡夫、菩薩都是「暫時假名」，一時因緣而聚合的暫時性假名。所以，《金剛經》一開始，在〈如理實見分第五〉說：「凡所有相，皆是虛妄。若見諸相非相，即見如來。」這是一種境界，或許你我永遠達不到，但吾人可以想像、欣賞、自勉，再用些功夫努力，還是有機會愈來愈接近，那些「名相」在我心中的地位，自然會日趨衰微吧！

在詩壇上，有人叫我詩人，說是詩人，即非詩人，是名詩人；有人叫我大作家，因有八十本《全集》出版了，說是作家，即非作家，是名作家。凡所有名相皆是虛妄，暫時緣起之假名吧！

讀14說：〈我的新佛教改革初步〉

佛教（指正信佛教如佛光山、中台山、法鼓山、慈濟四大系統，其餘未接觸，故不知其詳。），目前在全球各大宗教中，當然還不如天主教、基督教的規模。但才不過四十年，佛教（四大系統）已在全球打下基礎，從一片沙漠到有花果收成，四大系統的領導人（師父、惟覺、證嚴、聖嚴），真是功德無量。由這四大系統的弟子們再努力四十年，佛教極有可能成為世界第一大宗教。

然而，這樣的願景，都是從半個多世紀前，許多佛教界長老開始播的種。其他不說，僅就師

佛光山寺副住持慧開法師代表致贈星雲大師一筆字，由住持繼程法師（右一）及馬佛青總會長吳青松（中）接受。　圖／人間社記者廖德來

父的佛光山系統，是從新佛教改革開始。師父從年輕出家就有改革理想，有無畏的承擔，就像這幅「佛教靠我」的一筆字，師父常說也常寫。

有理想要做一番事業，不一定有機會。在大陸時期及初到台灣，都因各種苦難、戰亂等，並沒有「舞台」可以實現理想。但認為以下幾件是師父新佛教改革中，重要項目並對後來產生很大影響，才有佛光山現在的規模。

第一、民國四十二年在宜蘭雷音寺的「神佛分家」：正信佛教在本質上是「無神論」，所以佛陀和菩薩都不是神，和中國民間信仰的「泛神論」不同。

所謂「中國民間信仰」，是從宗教學上的學術分類，指中國民間社會傳統的祭祀拜拜，祭拜對象如媽祖、天公、土地公、關聖帝君，乃至中國歷代先聖先賢先烈，或山神、海神、雷神……趣者可另看筆者專著，《中國神譜：中國民間信仰之理論與實務》一書，文史哲出版社，二〇一二年元月出版。

因為受到從隋唐時代推行「三教融合」的影響，一千多年來的「中國民間信仰」，已經完成儒、佛、道的融合。所以，吾人走進許多中國民間各宮廟堂等，同一間廟裡有佛陀、觀音、孔子、媽祖……三家眾神，是極為普遍的，代表中華文化的融合性很強。

但就「正信佛教」而言，還是要和「民間信仰」有所區分。畢竟，佛教的無神論和民間信仰的泛神論，在本質、宗旨、行儀、內涵等，都完全不同，師父在半世紀前的「神佛分家」，影響未來千萬年。

第二、弘法方式活潑化：師父有了宜蘭念佛會，接著開辦文理補習班、文藝班、歌詠隊、兒童班、學生會、弘法隊，跑遍各鄉村，佛法才能廣傳。

第三、宜蘭念佛會傳到各地，影響也大。如岡山、虎尾、龍岩、台北、頭城、羅東等念佛會，都是宜蘭因緣散播的種子。從此以後，台灣佛教活動蓬勃發展，猗歟盛哉！

讀15說：〈媒體可以救台灣〉

救國家、救民族、救社會，從來只說靠「人」救，未聞靠「媒體」救。媒體在民主開放社會，號稱「第四權」，乃一個國家（社會）除行政、立法、司法之外，第四個掌握大權的平台，可以用言論自由維護社會的公平正義。

但近十多年來，我對台灣的媒體失望極了，完全失去信任感。原因是十餘年來的統獨鬥爭，台灣的政治版塊也分裂成有紅黃藍綠等各大山頭。媒體選邊站者有之，被收買者有之，或按各自立場，無條件的支持某一陣營，抹黑不同立場的陣營。如此惡整下去，台灣早已沒有公正的媒體，難怪〈貧僧有話要說〉，提到大師看到《天下》雜誌那篇題為〈媒體讓台灣往下沉淪〉文章，心中久久難以釋懷。出家人都難以釋懷了，我能不失望、絕望嗎？

本來我已認為請佛陀來當總統，請觀世音菩薩當行政院長，台灣也沒救了。但這幾年，我看到「星雲真善美新聞貢獻獎」開辦，社會上有公正形象的新聞人，漸漸有點影響，加上《人間福報》影響（教育作用）日增，我對台灣媒體重新有了希望。

大師在文章中也提到我國早期《大公報》的張季鸞、王芸生，《公論報》李萬居，《聯合報》王惕吾等典範報人。台灣的媒體如果多一些像這樣的典型，相信台灣有救，是媒體救了台灣。

師父在這一說，除了期許台灣媒體報導要公正、公平，也說了一則很有警惕性的故事。有一次，閻羅王進行審判。首先，他說：「張三！你過去行善積德，再到人間做人。」接著又說：「李四！你過去殺人放火，判你到十二層地獄受苦五年。」

最後閻羅王對趙六說：「趙六！你到無間地獄，受無期徒刑之苦。」趙六不服氣說：「殺人放火，才判十二層地獄五年，我只是個文人，寫寫文章，報導新聞，為什麼把我打入無間地獄？受無期徒刑之苦！」

閻羅王說話了：「你身為文人，報導新聞都是顛倒黑白，造謠生事，導至人家夫妻離散，兄弟成仇，朋友絕交，族群分裂，你禍害無窮，要等到你的文章在人間消滅了，罪業才能減輕！」

這大概就是我們中國人說的，「文章千古事」，手上掌有「第四權」的人，文人作家等千萬要小心。我想那位叫「趙六」的，可能是台灣《自由時報》記者，台灣媒體禍源、亂源之首，自由時報集團排第一。該報製造假新聞，顛倒黑白、分裂族群之能耐，古今中外無出其右者。

像自由時報這等媒體，若不停刊減絕，要救台灣可能還是難！

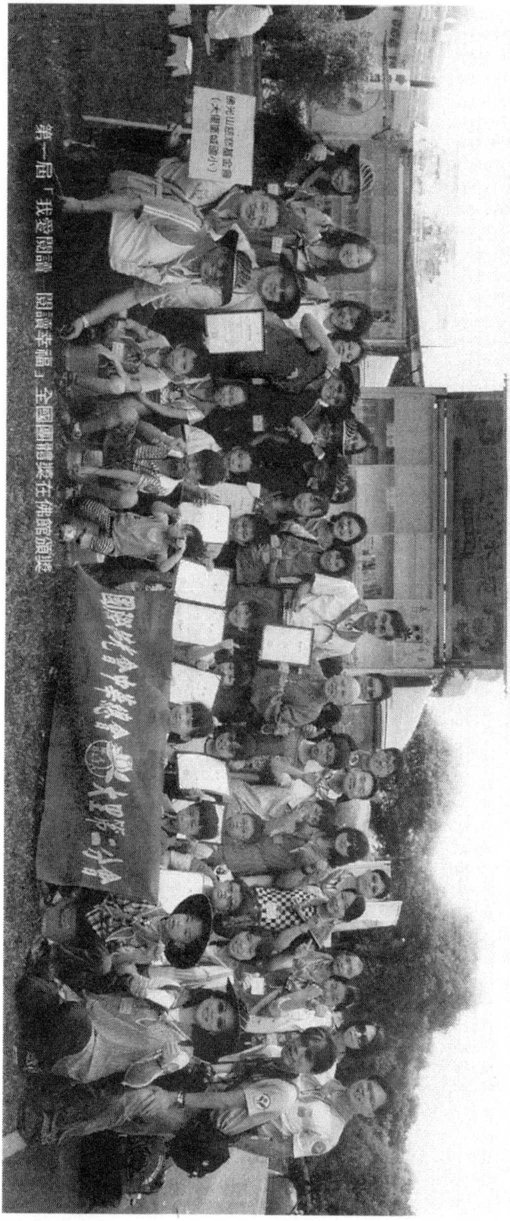
第一屆「我愛閱讀 閱讀幸福」全國團體獎在佛館頒獎

讀16說：〈我主張「問政不干治」〉

在幾十年前，大約是我小時候到我三、四十歲，我所知道的佛教或所謂「出家」，是一些從此「不問紅塵事」的人。最鮮明的概念，是我十一、二歲時，聽媽媽說：「某某堂伯的兒子失戀，看破紅塵出家了。」有很長一段時間，在我年輕心靈裡，所知道的「出家人」，是失戀或看破紅塵的人所走的路。

還有更離奇事，那位堂伯的兒子出家，那時的左右村鄰或老一輩子人都

2012 年佛陀紀念館舉辦「霓裳之會——中國非物質文化遺產少數民族服裝展」

說：「好好個人不當，要出家當和尚，真可惜！」好像出家的就不是人。但由此也可知，在半個多世紀前，佛教在民間被誤解得多麼嚴重，此中原因極為複雜，當然和近二百年來吾國衰落有關。

佛教對「紅塵」的涉入，其實比一般人想像的更深入，尤其師父倡導的「人間佛教」，積極的介入人類的社會、文化、教育、救苦救難、精神與心靈輔導等層面。這才是中國佛教「本來的樣子」，所以中國的出家人，歷史上就有做「大丈夫的事業」美稱。（註：中國歷史上，稱「大丈夫的事業」，只有佛教的出家人和軍人兩種，可見這兩種人我們應給他們高度的尊敬。但我在民國五十七年進陸軍官校預備班十三期，也有長輩質疑「為什麼好好個人不當？」）。可見世間事多麼顛倒！

對於政治領域，要採取何種態度？或介入到何種程度？從佛陀以來就已立了傳統，師父在這一說講到他一生和政治的關係，也已經立了「現代典範」。佛陀對於政治，曾發表《仁王護國經》，倡導仁王政治，基本上是「問政不干治」，國家和政治保護佛教，佛教擁護國家、社會和人民。佛教若不服務社會，不關心時勢，等於是自取滅亡，太虛大師也以「問政不干治」為指導原則。

「問政不干治」除了是一種「態度」，也還受制於因緣法。佛陀認為「有緣佛出世，無緣佛入滅；來為眾生來，去為眾生去。」師父也是抱著「大丈夫達則兼善天下，不達則獨善其身」。所以，只要心懷眾生，不論介入到政治何種程度？都合乎因緣法。在越戰時期，越南和尚為抗議美國入侵，曾經發動以自焚的無畏施，那則新聞撼動全世界。

在這一說，師父以大無畏的勇者，質問民進黨不承認「中華民國」，每次又要參選總統，他到底選哪一國總統？師父言人所不敢說，「我是中國人」，若不是中國人，是日本人嗎？美國人嗎？

師父的質問，所有住在台灣的人，都應該「明心見性」，發自本心質問自己，你是那一國人？你是不是炎黃子孫？你血液中流什麼血？

讀17說：〈神明朝山聯誼會〉

前面第十四說，〈我的新佛教改革初步〉，師父進行「神佛分清」，神歸神，佛歸佛。為什麼現在又搞起神明聯誼會？且成立了「中華傳統宗教總會」？兩岸民間眾神都來朝拜佛陀，請佛陀當眾神之領導，為何？

這個道理其實很單純，就像王先生王太太與張先生張太太是相鄰兩家人，這王張兩家人就是「兩家人」，清楚明白，沒有灰色地帶，各有家庭，各有工作，各項概念界定也很清楚；神佛亦如是，二者思想、理論、屬性、定義、宗旨都不同，佛教是「無神論」，民間信仰神明是「泛神論」。但王張兩家人要聯誼做朋友，神佛也是，不聯誼才不對。

至於為什麼佛陀是眾神佛的「最高領導」？這可能是唐代以來「三教合一」運動的影響，中國民間各寺廟宮堂等，佛陀始終居於最高位階，也就當然是眾神的最高領導。所以，師父登高一呼，兩岸所有中國人信仰諸神，也都樂於到佛陀紀念館來朝拜禮佛。

孫中山先生在《三民主義》講過，中國的戰爭為爭當皇帝，西方的戰爭為宗教。研究史學的人當知，中國歷史上沒有所謂的「宗教戰爭」西方在黑暗時代（約六世紀到十六世紀），為宗教神權打仗打了一千年，很奇怪吧！也不奇怪，中國人是「泛神」信仰，各信各的神佛，大家相互尊重包容。西方各宗教（天主、基督或伊斯蘭教等），都屬「一神論」「一神教」，即認為「我的神是宇宙間唯一真神，其他皆是魔，是魔就要消滅，除非改變信仰我們的神。」

「一神教」是「零和規則」，沒有包容性，亦無妥協性，除非一方全部被消滅，於是戰爭是永恆性的。不少學者稱「九一一事件」，是「十字軍東征」的續戰，正是根據這些理論而來。

吾國古來雖無宗教戰爭，但各教派之間則很少有聯誼，頂多是地區性互訪，或台灣各寺廟回大陸祖廟參拜。兩岸因政治問題隔絕半個世紀，不僅人回不了家，連神也回不了家，

中華傳統宗教總會成立後，王金平總會長與各宗教代表合影

所有台灣神都源自中國神分靈而來。（參閱拙專著《中國神譜：中國民間信仰之理論與實務》一書，台北，文史哲出版社，二〇一二年元月出版。）

為了聯誼台灣各地和大陸民間信仰諸神，更為兩岸宗教、文化、人民的交流了解，師父大力倡導兩岸神明聯誼，並在二〇一四年成立「中華傳統宗教總會」。

未來台灣內部族群能夠更和諧，兩岸人民能更了解、和平，能向統一邁進一小步，神佛功勞比人大！

台灣尚和歌仔戲在大覺堂演出的「觀音老母」一劇

讀18說：〈我的小小動物緣〉

常聽學者專家說「三歲看一生」，很多人一定不太相信，我也很懷疑，但看某些個案，確實也有一些道理。

相信很多人小時候也玩過小動物，小鳥或各種蟲蟲等，結果都不是「玩」而已，都是整死了小生命，包括我在內，現在想起來，真是對不起那些小生命。

一般人看到蚊子、蟑螂、老鼠等「害蟲」，鐵定是打死牠的，絕不會給牠留下活路，皈依後我提醒自己不要傷害牠們。

最大的罪過是幾十年前，在野戰部隊流行吃香肉，那時街上也有很多香肉店，吃了不少香肉。民國六十七年到

普門中學學生發心服務，協助《喬達摩》黏貼包裝

六十九年，我在馬祖高登當砲兵連長，指揮官規定各據點養狗，一半戰備用，一半食用，我連官兵不知殺了多少狗！吃了多少香肉！罪過！罪過啊！願我佛慈悲，超渡那些當年在各野戰部隊被官兵殺來吃的狗狗們。

在這一說，師父講了他從很小的童年時代，就知道要愛護小動物，例如蚊子咬，他會捏住牠的腳再放飛走，而不是一巴掌打死牠。這種慈悲行為，應該是先天本性加後天學習才有的，科學解釋就是基因加上學習理論，是極少有的「個案」，與眾不同的孩子。

師父在五、六歲有養小雞鴨的經驗，到八、九歲養鴿子，以後在寺院裡有猴子、狗狗，在澳洲南天寺有海鷗來親近，佛光山有馬、羊、駱駝、駝鳥、孔雀、山雞、鹿等，師父和這些

《八塔》

象徵八正道，分別名為：一教、二眾、三好、四給、五和、六度、七誡、八道，基座設有客堂及簡報室，供應茶水，並提供各種諮詢服務，五和塔喜慶之家更設有佛化婚禮等服務；基座之上各有「天宮」，珍藏各種佛教文物。

動物有過趣味故事，也給大家上一課「護生」觀念。

我覺得師父的「慈悲心」不僅顯現在動物身上，主要是體現在所有的「人」，只要是人都「無緣大慈，同體大悲」，才能在個人短短的幾十年歲月，與千百萬人結好因緣，成就今日「法水長流五大洲」，佛教在全球開始有機會播種結果。這一切，都從師父在小朋友的時代，就有一顆慈悲心在成長壯大，一個小小的心靈可以改變世界；一盞小小的燈，可以照亮黑暗的世界，你不相信嗎？師父是一個活生生的例子。

這一說的最後，師父提了一個弔詭性問題。動物世界是「弱肉強食」的，牠們靠殺生維持生命，這是大自然的生態平衡系統，也是生物鏈的循環，貧僧個人無能為力，也不能改變。只是，在師父管轄範圍內，總要讓各種生命，平安、自在的生存生活，佛光山真是個靈山樂園。

《萬人照相台・菩提廣場》

萬人照相台為長五十公尺、寬三十五公尺的大階梯，共三十七階，象徵「三十七道品」，可容納萬人同時照相。面向東，身後是世界最高的銅鑄坐佛；面向西，則有八座莊嚴寶塔作背景。

菩提廣場，長、寬各一百公尺，地面鋪設鑛石、青斗石，兩側種植小葉欖仁樹，可供萬人以上集會。

《十八羅漢・八宗祖師》

菩提廣場兩旁栩栩如生的「十八羅漢」石雕，分別是：大迦葉、目犍連、舍利弗、阿那律、羅睺羅、阿難陀、迦旃延、迦留陀夷、賓頭盧、周利槃陀伽、優波離、富樓那、須菩提、降龍羅漢、伏虎羅漢，及三尊女性羅漢：蓮華色比丘尼、大愛道比丘尼和妙賢比丘尼，象徵佛教倡導「男女平等」的精神。

本館前的中國佛教八宗祖師雕像，一側是重視「行門」的禪宗達摩祖師、淨土宗慧遠大師、律宗道宣大師、密宗善無畏大師；一側是以「解門」為重的天台宗智者大師、華嚴宗賢首大師、法相宗玄奘大師、三論宗嘉祥大師。

《滴水坊》

佛陀紀念館設有四座滴水坊，分別位於：禮敬大廳、樟樹林、雙閣樓及佛光樓五樓，提供餐飲供來訪遊客享用、休憩。

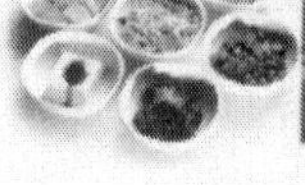

讀19說：〈青年應有的愛情觀〉

「愛情」是什麼東東？古今中外沒有一位思想家能下個標準定義。但看芸芸眾生，有人愛情長跑十年，有人一見鐘情，認識兩星期就結婚，一個月後又離婚。有人愛得死去活來，愛不到就把對方殺了，他得不到的，別人也休想得到，這是什麼愛情？

西洋人常說「婚姻是愛情的墳墓」，證之於演藝圈、藝術界，甚有道理。因為藝術創作須要靈感、創意，和自由空間。談戀愛沐浴在愛情氣氛中，確實可以自由激發無限靈感和創意，歷史上確實有很多經典作品、現代情歌等是這樣誕生的；而走進婚姻生活，也確實等於判了靈感、創意和自由的三大死刑，除非很高明有智慧的人才能避開三大死刑。現在年青的一代，大多寧可談情說愛、同居、不生孩子，可能和這些觀念也有關。

是故，古今中外的各種藝文作品，向來只歌頌愛情的偉大，從未出現頌揚婚姻的偉大。是否有鼓勵大家不要結婚的嫌疑，只要談情說愛，何必要搬石頭打自己腳——結婚呢！但如此一來，人類社會將如何「演化」下去？可能導至文明的進化或退化？不可預知的風險，還是回到師父說的「正常的愛情觀」較保險，至少可以確保「人身安全」。不會因不愛就被殺了，凡事安全第一。

第一、普通朋友不須身家調查，平淡安穩就好。若想進一步發展，要了解對方背景和往昔交友情形，目前的生活能力。最重要的，有共同信仰、共同語言、共同性格和生活習慣。師父所說信仰是宗教，我補加政治信仰也要相同，如在台灣，夫妻一個統派，一個獨派，那絕對是一家不安寧，進而禍害整個家族。

第二、要不要門當戶對不重要，能互相體諒、互相尊重、包容才重要。對這些要有最基本的共識，才能決定終身大事。

第三、師父認為「在中國社會裡，男性在感情上有許多的空間，女性的感情則是比較狹小的。」師父說的含蓄，但認為現代社會雖已開放，男女平等，還是不能隨便，以後都會有遺憾。

第四、到了婚嫁邊緣，若發現到對方性格不合，不論男女，要及時煞車，不要冒然結婚。離開後，相互祝福才是最美的分離。

師父最後引一對九十多歲的老夫妻，攜手度過七十年婚姻生活。慶祝會上記者問老太太：「怎麼廝守七十年？先生有缺點嗎？」老太太說：「我丈夫的缺點比天上星星多！」記者驚訝：「那要怎麼維持七十年？」老太太說：「他有一個優點，他愛家的責任像太陽，當太陽出來的時候，如星星多的缺點全不見了！」

師父這一說，沒有提到同性能否有愛情（同性戀）。但從佛教因緣觀、因果觀、緣起法等來看，同性戀可能也是一種「緣起則聚」的現象。

讀20說：〈夫妻相處之道〉

無數的婚姻專家、大師都說過，夫妻相處要睜一眼、閉一眼，要包容等，為什麼各國離婚率都節節高升？最近有個朋友告訴我說，過年前有一次出門忘了帶夾克，他打電話給老婆，老婆一聽：「活該！」說兩個字就卡查掛了電話。他只好打給一個女性友人，對方立刻說：「你現在人在那裡？我馬上給你送一件厚衣服來。」

我這朋友好感動，問我：「老婆和女朋友怎麼差別這麼大？」我思索半天，不知如何答話。按我個人普遍研究、觀察，我認為人類社會傳統婚姻制度，已面臨崩解邊緣。新加坡前總統李光耀曾說：「婚姻制度頂多維持到本世紀中葉」。任何制度在尚未崩解前，尚未有替代或新制度前，總得按原制度走。師父這說〈夫妻相處之道〉，還是可以當成現代幸福婚姻的最高指導原則。

第一、共同信仰、共同語言、共同信念、共同生活，對婚姻最有保障。這是一個「理想狀態」，幸福美滿是無上價值，有如佛法，最值得追求，只可惜世間有這樣境界的婚姻，愈來愈少，少才見其珍貴。

第二、相互讚歎，常說「我愛你」。這在東方人是最欠缺的，西方人開口閉口「我愛你」，昨天還「我愛你」今天卻離婚了。所以，有人說西方婚姻是鬧劇，東方婚姻是醜劇。師父鼓勵夫妻多說愛是對的，但東方人不習慣，可以慢慢練習。先生要主動先開口，時機的選擇有助於醞釀愛的氣氛，有了愛的氣氛來說「我愛妳」較自然。時機以在晚上「辦事」中說，效果最佳。

第三、佛化家庭、三好人家，這當然是最理想，一家人有共同信仰，共同信念、共同生活方式。多數已婚的人可能已來不及了，或已難以「促成」佛化家庭，但未婚者尚可安排、可期待。所以，未婚的有情人們，佛化家庭是幸福美滿之第一步，可從在佛陀紀念館參加佛化婚禮開始，有了佛化婚禮，必可形成佛化家庭。

師父在這一說，舉多位夫妻共同信佛的賢伉儷們，陳漢斌和韓玉儀、王家培和許月琴、林金茂和陳瑞珍、陳和順和戚品淑、劉招明和陳秋琴伉儷等，他們是典範，大家學習的對家。

男女在婚後確實會產生「質變」，我以為質變的原因來自人們對婚姻的「誤解」，以為夫妻就要「零距離」，要生活方式「一模一樣」，堅持這種觀念的夫妻大多離婚收場。夫妻還是要有「距離」，尊重不同的想法，人們為什麼崇拜偉人？是因「距離遙遠」；愛情為什麼讓人嚮往？也是距離，雙方只顯現好的一面，醜陋的全藏起來。

夫妻間要有距離，包含有各自獨立的「生活空間」，不同的交友圈，有距離有空間減少壓迫感，增加夫妻生活的輕鬆感。若堅持每天二十四小時非在一起不可，無距離，不給對方空間，婚姻便是墳墓，家庭成了煉獄，不離婚才怪！

佛館的義工們在榕樹林出坡種花，以迎接春節的到來

（左）新的一年，佛館小義工挖土種花不輸給大人哦
（右）江文瑞老師以星雲大師《我的念珠在那裏？》為設計概念，指導佛館義工種花

輯　六

讀《貧僧有話要説》

心得報告（下）

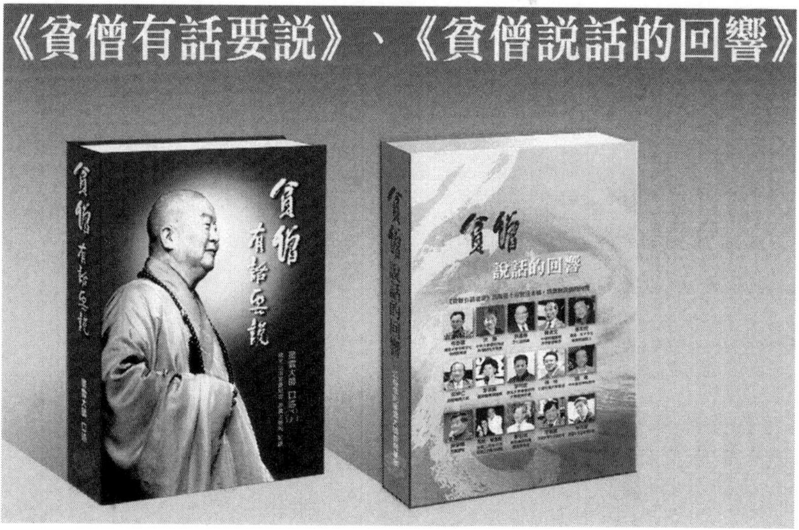

為提倡全民閱讀，人間佛教讀書會於台北金光明寺舉行「2010 年全民閱讀博覽會」，大師與 1600 位愛書人在書香禮讚中交換好書。

讀21說：〈我的管理模式〉

我聽很多管理專家說得天花亂醉，以前在軍職也上過很多領導統御管理等課程，到了「戰場」都未必管用。遊戲規則訂得多清楚、多嚴格，不尊守也等於一張廢紙，軍法夠嚴格吧！這幾年軍隊裡違法亂紀的事，讓所有的軍人幾乎抬不起頭來，慘啊！有人說國防部乾脆關門算了！

關鍵還在各級領導人的風格、人格、決心，是否能夠統領眾人共同奮鬥，甚至不必費心統領，而是一大群追隨著自願犧牲奉獻，向共同目標前進。這是一種最高的管理藝術，可謂因緣俱足，水到渠成。

師父的管理模式，就是這種「因緣俱足、水到渠成」，眾緣合成的大事業，否則如何管理全球五個大學、三百多道場，郭台銘的鴻海大企業也沒有三百個分公司。

師父的管理學像禪宗，可以不立文字，只是為方便、教育、體現宗風、信念，化成方便文字。師父說：「貧僧的管理學就是在大雄寶殿裡，在禪淨法堂裡，在典座齋堂裡，在出坡作務裡，在人我和諧裡。」這是形而上的「無形說法」，為使大眾了解，還是要形而下的從方便文字去理解。從以下的〈十修歌〉、〈剃度法語〉和門規，可見師父管理模式之一斑。

第一、師父說佛光山的管理學，不過是同甘共苦、心平、自在，不把人我是非得失放在心上，寫成一首〈十修歌〉表達其內涵。

一修人我不計較，二修彼此不比較，
三修處事有禮貌，四修見人要微笑，
五修吃虧不要緊，六修待人要厚道，
七修內心無煩惱，八修口中多說好，
九修所交皆君子，十修大家成佛道，
若是人人能十修，佛國淨土樂逍遙。

第二、全球三百多道場、五所大學，當然不是師父直接去管理，而是弟子們要體現師父的管理哲學。所以師父很早寫成〈剃度法語〉，這是身為佛光山弟子必需實踐、奉為圭臬的座右銘：

佛光山上喜氣洋，開山以來應萬方。
好因好緣多好事，青年入佛教爭光。
發心出家最吉祥，割愛辭親離故鄉。
天龍八部齊誇讚，求證慧命萬古長。
落髮僧裝貌堂堂，忍辱持戒不可忘。
時時記住弘佛法，莫叫初心意徬徨。
為僧之道要正常，不鬧情緒不頹唐。
勤勞作務為常住，恭敬謙和出妙香。
清茶淡飯要自強，粗布衣單有何妨。
生活不必求享受，超然物外見真章。
善惡因果記心房，人我是非要能忘。
深研義理明罪福，慈悲喜捨道自昌。

朝暮課誦莫廢荒，念經拜佛禮法王。
無錢無緣由他去，只求佛法作慈航。
十年之內莫遊方，安住身心細思量。
任他天下叢林好，我居一處樂無疆。

第三、為樹立佛光山宗風思想，維護綱常紀律，畢竟佛光山有出家師父一千多人，〈佛光山十二條門規〉，為共同修道準則。

一、不違期剃染；　二、不私建道場；
三、不夜宿俗家；　四、不私交信者；
五、不共財往來；　六、不私自募緣；
七、不染污僧倫；　八、不私自請託；
九、不私收徒眾；　十、不私置產業；
十一、不私蓄金錢；　十二、不私造飲食。

除了以上，師父尚有「老二哲學」、「以無為有」，及三好、四給、五和、六度，這些不僅是無限法財，也是無尚管理藝術。此外，「有佛法就有辦法」，也是師父的管理學一部份，凡事都抱持著「光榮歸於佛陀，成就歸於大眾，利益歸於常住，功德歸於信徒」的精神行事，世上真是沒有什麼事辦不成了。

讀22說：〈我一直生活在「眾」中〉

曾有一位很高明的人，也已算是大師級的人，告訴我說，人一生所要面對和處理的人我關係，只有四種：（一）把自己當自己、（二）把別人當別人、（三）把自己當別人、（四）把別人當自己。都調整好了，就是圓滿，我深有所悟，弄懂了對群我關係的增進，對與眾結緣，如水到渠成那般自然，更讓我覺得人本來就在「眾」中，若無「眾」緣，人不僅無法生活、不能生存，也不可能成就任何事業。

所以讀師父這篇〈我一直生活在「眾」中〉，就像欣賞一篇行雲流水般的散文，師父在眾中的樂趣，我亦能感同身受，只可惜我是年到半百才領悟到人在眾中的因緣，而師父從小就已有這種與眾同樂的性格。此刻想起這些，真是後悔學生時代，國文老師講「獨樂樂不如眾樂樂」，自己怎麼總是有聽沒有懂，懂了會考試，但也無感，只能怪自己「品質」不夠好。

師父的活在「眾」中，已經不是單純的「獨樂樂不如眾樂樂」，而是廣結了僧信四眾，帶動了一個個團隊，兒童、少年、青年、中老、長老，經由各種團體廣佈佛法，略說如下。

第一、六和僧團，共修以和為尚。共修是師父一生生活的寫照，原來「和尚」是「以和為尚」，僧伽叫做「和合眾」。有了廣大的群眾、信徒支持，佛光山的四大宗旨：「以文化宏揚佛法，以教育培養人才，以慈善福利社會，以共修淨化人心」，才有可能一步步實踐，才有可能佛法常流五大洲。

第二、為「合眾」廣傳佛法，以佛光山系統之名辦種種活動，台灣地區、大陸及海外，每年都有成千上萬場次，數不盡的組織、團體。從最早的兒童班、學生會、歌詠隊、弘法團、文藝班、補習班……到現在常聽到的國際佛光青年團、童子軍、短期出家修道會、讀書會、生命教育研習營、佛學夏令營、國際青年生命禪學營、各類講習、每年的「佛光盃」、三好體育協會……加上全球三百多道場的活動，師父的每一場弘法都是幾萬人的盛會。所以，佛光山每年的活動說之不盡，經由這些活動，人心得到淨化，佛法得以流傳。

第三、共修，未成佛道，先結人緣。師父把佛光山辦的所有活動，以及念佛、拜懺、誦經、禪坐、五戒、菩薩戒等，統稱「共修」。佛光山大門從未關過，師父說了在美國華人的「五子登科」趣事，在台灣的一些父母到美國要去投靠兒女生活。結果成為不會看電視英文報的「瞎子」，聽不懂英文的「聾子」，不會說英文的「啞子」，不敢出門的「瘸子」，要為子女做家事照料孫子的「孝子」，兒女們天天忙著上班。這些父母不久就住不下去了，很多到西來寺共住，吃中國菜，拜中國佛像，其樂融融。

佛光山接引眾生的方便，真是嘆為觀止。所謂「慈悲為本，方便為門，般若為用」，師父這輩子不僅活在「眾」中，更是「恆順眾生」，故能得眾生擁護。

讀23說：〈我的平等性格〉

人世間有平等嗎？員工和老闆有平等嗎？窮人和富人有平等嗎？流浪漢和企業家能平等嗎？男人和女人有平等嗎？有，確實有，也可以平等，你不信或不懂就好好讀師父這一說的精妙意理。

師父這一說，主要講到男女平等，尤其比丘尼和比丘的平等，更論述佛陀的教義從未歧視女性。歷史上也有很多女性大護法，但以講到「台灣護法優婆夷第一人」的孫張清揚，最讓我感慨（參閱右列剪報）。早年因我出身黃埔，身為黃埔軍校學生，都以老校長 蔣公的子弟兵自居，愛烏及屋，對蔣夫人宋美齡也一併崇拜。但解嚴後，很多秘密見了光，如戰後不派兵駐日本、有機會可以收回琉球卻不要、白團事件及倡導基督教打壓佛教等，都讓我覺得蔣宋二人功勞雖大，罪過也大。

台灣護法優婆夷第1人

孫張清揚忌日　永和學舍追思

人间福报　二〇一五、七、二十四

【人間社記者葉月琴永和報導】永和學舍二十二日為台灣佛教護法優婆夷第一人、抗日名將孫立人將軍之夫人—孫張清揚居士，舉辦逝世二十三周年紀念法會。由永和學舍住持妙宥法師帶領妙誠、如善、有同、有堂法師及百餘位信眾，於大雄寶殿虔誠諷誦《普門品》及〈大悲咒〉，眾人在「南無觀世音菩薩」的聖號聲中，魚貫進入「孫張清揚居士紀念館」獻花致敬，追思感念孫夫人對佛教的弘揚、貢獻。

逝世於一九九二年的孫張清揚，一生護法衛僧不遺餘力，被譽為佛教界首席大護法，也是佛光山開山星雲大師的貴人。

民國三十八年，星雲大師與多位僧侶遭遇法難，身陷囹圄時，幸經孫夫人等辛苦奔走，才得以洗冤出獄。她臨終前，更將永和的日式房子託付給大師，言明作為佛教文化之用，也就是現今的永和學舍。

「孫奶奶忌日，為什麼不是誦持《金剛經》、《阿彌陀經》，而是《普門品》呢？」妙宥法師特為發心前來結緣的蓮友，說明其中蘊含的深義。

孫夫人年輕時曾害過一場奇怪的大病，看遍中西醫，試過各種藥草、偏方都罔效，幸好夫人的母親是位虔誠佛教徒，見女兒百藥無效，乃令全家齋戒一天，並誦念〈大悲咒〉二十一遍，求得大悲咒水讓她服下。孫夫人的怪病，終因觀世音菩薩的慈悲救護，不藥而癒，「由此可知，孫奶奶與觀世音菩薩之因緣甚深，不可思議！」

妙宥法師表示，若不是當初孫夫人的捐地建寺，就無法成就今日大家來永和學舍的學佛因緣，勉勵信眾除了在佛道上精進用功外，更要學習孫夫人為佛教發心奉獻的精神。

多種罪過中，以倡導耶教打壓佛教最大，這一般人是無感的，因為是「冷水煮青蛙」之計。基本上，基督教是西方帝國主義的尖兵，而佛教古來是中國國教，若中國人全信了基督教，等於消滅了中華文化，不相信的人應深入思索這個問題。所以，孫張清揚女士，當年敢於違逆宋美齡拒絕信奉基督教，真是偉大的勇者，她不僅是師父的救命恩人，更是佛教大護法。台灣第一部《大正藏》，就是孫夫人變賣首飾，從日本請回影印流通。現在她往生廿三周年，仍在「永和學舍」為她辦追思法會，宋美齡不願意落葉歸根，至今孤獨的魂遊美國，有誰在追思她？

師父這一說，提到男女平等的觀念，中國不如洋人，這是我們要檢討改進之處。例如，西方人形容女人，喻為天使、和平女神、安琪兒，紳士要讓女士優先，逃難要讓婦孺優先……都表示西方人對女人的尊重。

但我們中國人提到女人，不外喻為禍水、掃帚星、母老虎，就是美麗的女人也形容成蛇蠍美人。這些是千百年來可恥的言論，我們確實要改進。

師父是覺悟的有道高僧，曾有記者問師父：「大師，你身邊女眾弟子似乎比男眾弟子多？」師父幽默答說：「我看不到男人，也看不到女人，我只看到出家人，看到佛陀的真理。」

在師父心中，已是「凡所有相皆虛妄」，所以在本說結尾，師父以《金剛經》裡說：「無我相、無人相、無眾生相、無壽者相」，勉勵大家深入思索眾生平等的真義，吾等佛弟子要誠懇深思之！

讀24說：〈我要養成「佛教靠我」的理念〉

為了佛教，叫我墮下地獄，都心甘情願。
我只想給人間歡喜，普利世間大眾而已。

我讀這一說真是很感動，不論做什麼？師父都先發心做表率，就像一個身先士卒的指揮官，所有部屬也一定追隨衝鋒陷陣。連地獄師父都願意去，吾等佛弟子那能不跟著去？否則有何面目說自己的臨濟宗第四十九代弟子？師父以其身教，告訴大家「佛教靠我」，佛弟子們應勇於承擔，佛法才能永流傳。

師父這輩子所有一切全部奉獻給佛教，是毫不保留的，無怨無悔的，完全徹底的奉獻，這給了佛光山所有徒眾最佳的示範。

第一個示範。是師父這輩子等於三百歲，為佛教奉獻三百年的智慧、精神和體力，創造出三百年的「利潤」和全球三百多道場。三百歲從何而來?師父二十歲開始服務，全年無休，一天要做五人事，一天算做五天，等於三百五十歲。我沒有師父的能耐，但我向師父學習，期許自己人生兩百歲就夠了。

第二個示範。自己先發心，這裡師父說，「貧僧把所有的力量都奉獻出來，作為示範，想到『佛教靠我』，我不發心，怎麼可以叫別人發心呢?」真的，師父把他一筆字所得、版稅等，一毛不留，全拿去做公益基金。當佛光山發起「百萬人興學運動」，立即就有百萬人

星雲大師（中）與四川尼衆佛學院一行十九人合影。　圖／人間社記者慧延

響應，因為大家有了最好的示範，大家也樂意為佛教付出，為佛法承擔。

第三個示範。「讓佛光山貧窮」，這項示範大家可能有些不易理解，我做個說明，一般朋友聊天，常聽到人說「男人有錢會變壞、女人變壞才會有錢」。另外，耶教「聖經」也說，「富人進天堂，如駱駝穿針孔一樣難」。可見錢太多容易形成罪惡，所以師父說，「我也讓佛光山盡量不要存款，要把錢拿來辦社會公益，要讓佛光山貧窮。因為貧窮才知道精進，才知道努力，知道奮發向上。」佛光山信眾千百萬，有大錢者很多，要以此示範為學習榜樣，大錢拿出來做公益，做「遺產」是錯誤的示範，只會毀了兒女的上進心。

第四個示範。敢於為教犧牲。師父說為了佛教，捨身捨命，「為了佛教，叫我墮下地獄，都心甘情願。」不然，我們何必要信仰佛教呢？今後的佛教全靠我們僧信二眾，共同發心盡力。以佛法復興中華是樂觀的，佛法長流五大洲是必然也是永恆的。

讀25說：〈我是一個垃圾桶〉

我想，身為「師父」的人，可能就註定要成為「垃圾桶」。因為徒弟們有問題必然要向師父說，找師父解決，不然要向誰說呢？

如果這個師父只有兩個弟子，問題大概不多，當師父的人只是一個很小很小的垃圾桶。但是，如果這個師父有百萬弟子、千萬信眾，師父就必需是個「天大的垃圾桶」，就算這麼大的垃圾桶，也有裝滿的時候，這可是個天大的問題，要怎麼辦才好？問題要怎樣處理？

師父這輩子皈依在他座下的弟子，已不止百萬人，而全球佛光山信眾可能超過一千萬人，全球三百多道場當然有很多事要處理。信徒和出家弟子，好事很少向師父報告，通常如是。通常也都是有問題、困境、苦難、煩惱、妄想、委屈、不平、貪瞋痴無明等，才會來向師父訴說。師父不僅把自己當成大垃圾桶，也悟出很多處理問題的方法，把問題處理好了，也等於與無數人結下好因緣。

第一、「有佛法就有辦法」，這是師父最先學會處理垃圾的方法，這句話也成為佛光山系統的名言。師父還在心中設個「焚化爐」，煩惱垃圾來了，立刻把它焚化，以免成為「垃圾山」，就不好處理。

第二、提倡「放下」，放下才能「提起」，如出外旅行，提著皮箱；回來不用了，就要放下，在家裡還要提著皮箱在客廳走來走去嗎？進而師父說要「提放自如」，人間一切金銀財寶，乃至佛法，用時提起，不用要瀟灑放下，放在心頭都是沉重的負擔。如此設想，很多難題都得以圓滿解決。

第三、「釋迦牟尼佛是印度人，回印度去吧！」解決地域紛爭的秘決。早年，師父在高雄佛教堂弘法，碰到地域觀念的紛爭，苓雅區、新興區、鹽埕區．．．區和區的信徒計較，後來又有高雄幫、台南幫、澎湖幫等爭執。於是師父集合大眾說：「你們如果要這樣子計較的話，我也不是你們這裡的人，明天我也該走路了。甚至我也跟釋迦牟尼佛講，你是印度人，還是回到印度去吧！」這如禪宗一棒，夯在大家頭上，大家才醒來，地域紛爭太無聊了，從此大家太平。

第四、忍耐、不計較、為人設法。師父也講到，處理很多問題，要把握忍耐、不太計較、為人設法之原則。只要多為人設想，可以化繁為簡，自己願意吃虧，也就沒有解決不了的垃圾問題。

最後師父講到，當前兩岸最大的難題，台灣要用智慧，大陸要用愛心，雙方立場調換，有何不能解決的問題？

↑福智領導人眞如上師（左）昨天上佛光山拜會星雲大師（右），眞如上師盛讚佛光山道場莊嚴，大師則稱讚福智前途無限。

讀26說：〈我的恩怨情仇〉

初看這個題目，讓我很好奇，忖度著師父修行到接近佛的境界，還有恩怨情仇嗎？待我看完，甚感動容於師父的真誠坦白；認為自己尚未到聖潔的境界，還是一個人間的凡夫，七情六欲皆有之，只是佛法告訴我們很多對治的方法，使自己能在佛法中成長。

師父的童年是外祖母劉王氏呵護下，慢慢成長的，因此對外祖母最感懷念。一九八九年回鄉（江蘇江都）探親，外祖母已往生多年，師父為報親恩，回到美國即籌措二千

大師與母親、大哥李國華（右二）、大姐李素華（左一）及三弟李國民（右一），分離 40 餘載後團聚。1993 年

美元，交給三弟（李國民），為外祖母建一座小型塔墓紀念。

多年後，師父第二次回鄉，看到三弟未照託付為外祖母建塔墓，反而建一紀念堂，把他的妻子李夏秀華牌位供中間，外祖母只是一個小牌位放旁邊。師父一看，當時忍不住拂袖而去，至今對三弟的行為，仍耿耿於懷，不能諒解，此乃師父恩怨分明也！

有些是冤家孽緣，很難善了。師父有一侄子，一九八九回鄉探親後，一再表示要去美國，師父一向滿人所望。好不容易讓他去了，要求要學費、買房、找職業，而他生性懶惰，師父難以滿他所求。結果那侄子對師父說，「你創建西來寺二十年，我可以兩天就讓它毀壞。」真是孽子、孽緣，如是這般等事，師父也無可奈何！只有交給因果去處理。但我知道師父內心是傷痛的，因為自己的親人卻這樣的不成材，險些造成「法難」（若他真的毀了西來寺！）

師父年青時碰到不少「求親」，正好最近我看電視西遊記，唐三藏一路被很多美女糾纏，但他意志堅定，絕不妥協，師父也是。最早在當小學校長時，有位老太太要他當乾兒子；後來有對潘姓夫婦，要他還俗，做他們的女婿；編《人生》雜誌時，有工廠女工把他「騙」去女生宿舍弘法；在佛光山時，也有得妄想症的女人來騷擾；在台北普門寺弘法時，更有某中學的國文老師來追求。凡此，在當時帶來不少困擾，師父都當成修道逆增上緣，修行中的考驗。

師父是有恩報恩的人，當年大陸上那些老師，如雪煩、圓湛、合塵、惠庄、介如等，多次請他們出國旅行，讓他們看世界之大。師父心中無仇人，別人有沒有把他當仇人，是別人的事！師父不放在心上！

大師於佛光山西來寺主持「國際佛光會世界總會成立暨第一屆會員會議」記者招待會，《中國時報》駐美特派記者卜大中（右排著紅衣者）出席採訪。1992.5.9

讀27說：〈「可」與「不可」〉

職場經驗豐富的人，尤其當過幾年主官、主管，幹過一段領導的人，對這一說就很能理解。有的人你叫他辦事，交待一些簡單的工作，從來都是心不干、情不願，回答你不要、不想、不可、不能、不願……好像他的人我關係只有一個「不」可以造句。這樣的人，碰到幾回，就鐵定不想和他交往下去；這樣的人，自私自利，只想佔人便宜，不能共事，不能為友，不會有前途。

有一種人，大家都喜歡與他共事，與他交友，在人我關係中，他總是說「好」、說「願意」、說「可以」。所以，師父說什麼是人才？先看他能否分辯善惡？再看這個人對事情是肯說「可」，或者說「不肯、不好、不可」等。師父對這方面，是有比較有計較的。

大凡說「可、好」的人，表示肯與人為善，肯從善如流，必定好相處，有人緣，願意承擔、做事的人。若是一個人，什麼事都說「不可、不肯」，必是拒人千里之外的，很官潦的人，欠缺服務性格，師父不會重用這樣的人，想必我也是。

師父提到當知客師，就是要「知」道「客」人的需要，主動幫客人解決問題，而不是把他打發走了就好。師父講一則小故事，有個老太碰到下雨，路旁小店有個年輕人招呼她說：「老太太，進來坐一下躲個雨吧！」拿椅子給老太太坐，老太太也沒要買東西，年輕人仍殷勤接待，雨停還送老太太走哪條路，坐什麼車。

不久這年輕人收到一封信，原來這老太太是富婆，要把一家公司贈送給他經營。老太太認為年輕人有服務精神，值得把公司交給他。所以，主動服務可以結好因緣，也會有意外的收穫。

大師早年於宜蘭辦幼稚園教育，後開辦幼教師資訓練班，培訓幼教人材。1952.5.1

師父這輩子總是說「好」、說「可」，他的性格裡就是「好」和「可」，才和無數人結了好因緣。美國的王良信先生說到美國建寺院，師父說「可」；到歐洲，黃老太太和江基民說到法國建寺院，師父說「可」；荷蘭的羅輔聞說到當地建寺院，師父說「可」，只要師父說可了，就有很多人發心要幫忙、要奉獻。師父性格中的「可」，成為「無所不能」。

師父最後提醒現在的青年們，你有好好養成好性格嗎？你能嗎？你「可」嗎？你肯主動與人結緣嗎？「可」是內心的潛能，不是外在的強迫，說「可」是一種好習性、好品性。

大師參加普門中學的畢業典禮，大師左為校長慧開法師。1985.6.16

讀28說：〈我解決困難的方法〉

何謂「困難」？因人而異，高中生、大學生、總經理、董事長、總統……活著的人，都有一些困難。有些問題，對張三是困難，對李四很容易，其中頗多複雜又不易理解的因素。例如，目前全台灣有最大困難的人，大概就是馬英九和王金平，但他們的困難在師父看來，也都不困難，因為他二人都到佛光山問道於師父。問歸問，懂不懂？悟不悟？用不用？都是另一回事！

到底師父用什麼方法解決困難？大家都知道他常說「有佛法就有辦法」，但佛法有八萬四千法門，

大師帶領僧侶救護隊渡海來台，前排右起為浩霖、悟一、生華、寬裕、以德、能果等法師，二排左起為果宗、隆根、大師、性如、宏潮等法師。

那一法門又要如何用呢？

師父這輩子碰到最大的困難，應該是初到台灣那段困境。沒有戶口，碰到吳伯雄的父親吳鴻麟老先生，他幫忙解決了難題。不久又被懷疑是匪諜，經吳國禎父親吳經明先生、立法董正之、監察委員丁俊生、孫立人將軍夫人孫張清揚女士等人奔走營救，救了百餘僧侶。師父把這回脫險，歸於因緣，但解決困難的方法，師父認為還是要靠智慧和勇氣。

「事緩則圓」，應該是師父最常用的策略（方法），武俠小說裡較弱一方常使「拖」字訣。例如，早期台灣政壇歧視佛教，高雄要塞司令部要拆壽山寺，建彰化福山寺，台灣大學的葉阿月和方東美說：「佛光山是共產黨大本營」，更要密告佛光山有長槍兩百枝，黨外人士圍山。凡此等等，師父的解決方法，除了展現智慧和勇氣，事緩則圓很重要。很多難題一時不好處理，放著慢慢來，就會出現和緩空間，少了緊張氣氛，有時困難也會自動的不見了，事情也好辦了。

佛光山開山以來確實碰到不少困難，但師父認為，「所有困難，只要你堅持不懈，只要你鍥而不捨，什麼困難，也就不是困難了。」何況，菩薩「發菩提心，立堅固願」，上求佛道，下化眾生，本來就是困難，要視為我們的增上因緣。

師父所有解決困難的方法，最後全歸到佛法，佛法講因緣果報。所謂「去的就讓它去，來的也會自然來」，在因緣果報裡，還是公平的。是故，師父說「不跟你爭強鬥狠，也不跟你謾罵、怨恨」，「困難都是佛祖解決的，信徒幫忙的，以後有人問我有什麼困難？貧僧就拜託你幫忙解決了！」

國內第一份由佛教界所創辦之日報《人間福報》創刊茶會暨記者會。左起為生命線創辦人曹仲植、前新聞局長趙怡、大師、中華總會總會長吳伯雄、日月光集團董事長張姚宏影、聯合報系董事長王必成。2000 年

讀29說：〈我對問題的回答〉

這一說，師父選擇這輩子人家問的問題，他所回答的小部份，弘法七十年了，弟子信徒必然問過無數心中的疑惑。事實上，除非像師父這樣開悟的大師，心中已沒了任何問題，芸芸眾生乃至出家未久者，可謂人人心中都仍有若干疑惑未解。以下我選數則較深入、一般人常有疑惑的，而不易釋懷或理解者略說之。

1問：動物、植物都有生命，為何動物不能吃？植物就能吃，是不是五十步笑百步？

答：我以前也不了解，聽師父說才知道。動物生命是「心理」的，植物生命是「物理」的。動物有「心」，要吃牠，牠會恐怖、掙扎；植物不對，它只是物理上的反應。佛教講「心」，有「心」才是生命的意義。師父這樣解釋，讓人很快清楚明白。

2問：佛教的不殺生，家裡有蚊蟲、蟑螂怎麼辦？

答：昨天小孩還在喊：「蟑螂！快來打死牠！」我故意沒反應，等一下牠就不見了，或把牠弄到外面去自謀生活，這是我的做法。師父認為，如果非要以「殺生」處理它，還是有罪業（很少吧！），可由懺悔消除。但若殺人，是不通懺悔的，言下之意，必需殺人償命的。

3問：佛教對死刑的看法？

答：最近（二〇一五年七月），慧開法師在《人間福報》有很詳細的論述，趣者可自行參閱。按師父依因果律解釋，殺人者必有其報，故不能沒有死刑；再者，受害者及家屬的傷痛怨恨，須由加害者的懺悔、伏法，才能撫平，如此雙方才不會帶著怨恨再流轉輪迴。

4問：我信佛了，是否佛祖保佑我事事順利、身體健康、所求滿我願？

答：師父沒說是、否，只說福禍自己要負責，我想也是，因果都自己造的，與佛何干？要得健康果，須種健康因；要得發財果，須種發財因；要得事事順利果，須種事事順利因；要得長壽果，須種長壽因。什麼因，必招感什麼果，因果不會錯亂。

5 問：在家人學佛一定要拜師父嗎？

答：師父說學佛要皈依三寶：佛、法、僧，不是拜師父，皈依和拜師父不同。我現在才理解一些，社會上稱出家人都叫「師父」，師父大概是通稱。像我皈依了，但叫大師「師父」應也沒錯。

6 問：可以同性戀愛嗎？

答：師父認為有違中國倫理道德，並未直說可不可以。但我曾聽過一個知名的出家人，說按因緣法是可以的。

讀30說：〈我訂定佛教新戒條〉

國有國法，家有家規。（儘管這個偏安政權所能統轄的小島，國法與家規已經完全崩裂不存，社會才會裂解大亂，人人自危，都覺得這個地方快完了！但這種現象至少可以給很多團體的領導人，深深的警惕，要維持任何團體的興盛，長治久安，永續經營，法律、律法、規矩，都決不能壞，且要依法不依人。）

佛教團體從二千多年前，由佛陀在印度創建，之後又有南傳、北傳（到中國）和藏傳區分，各地區各年代就有不同規矩戒條等。例如，佛光山目前是一千多出家眾的大團體，這一千多出家師父每個人都是一

大師依佛光山章程退位，將住持之職交由第二代心平和尚接棒。1985 年

方領導，領導著全球所有佛光人團體和三百多道場，每天維持繁忙的運作。全球佛光人總數，可能上看幾千萬「兵力」。面對著新時代，這麼大的團體，怎能沒有合乎時代的管理規則。

師父曾經訂過〈怎樣做個佛光人〉，共有十八講；也為教團制訂《徒眾手冊》。另有〈佛光新戒條〉，區分〈十要〉和〈十不要〉，略說之。

第一、〈十要〉：要正常吃早餐、要有表情回應、要能提拔後學、要能推薦好人、要肯讚歎別人、要能學習忍辱、要能長養慈悲、要有道德勇氣、要能知道慚愧、要能守信守時。

以上十要，在經典、師父眾多作品都有更深入闡揚，望文生義亦可略知。惟「要有表情回應」，指出家修訂者要學習「我在眾中」，人我關係要有適當的表情回應。師父認為，出家人沒有表情回應，怎麼做人呢？

第二、〈十不要〉：不可好買名牌、不可輕慢他人、不可嫉妒好事、不可侵犯他人、不可言語官僚、不可去做非人、不可承諾非法、不可打擾別人、不可輕易退票、不可無情緒。

同樣有師父其他作品或經典有詳述，惟「不可好買名牌」項，指尊守出家人服制，不以外物莊嚴自己，而以「戒、定、慧」莊嚴身相，才是真名牌。而「不可去做非人」，所謂「非人」是指言行不像人。（另參第一輯，〈心、身、人與非人〉一文）。

師父說，這些不只適用於出家人，任何修行者或每個人都通用，是師父數十年辛苦實踐的體會。

大師於宜蘭雷音寺為弟子慈嘉法師舉行剃度典禮。1963 年

讀31說：〈我的自學過程〉

歷史上乃至現代，有很多大思想家、大科學家、大作家、大詩人等，從未進過校門，未受過正規教育，仍能成其「大」，並不難理解。佛教史上的六祖惠能大師，不僅沒讀過書，還不識字，但是中國歷史上所有經典中，唯一是出家人的作品，正是惠能大師的《六祖壇經》，唯一的一本「經」級聖典。

有一個現象我不太了解，東西方

為了慶祝佛誕節，大師編寫話劇〈蓮花女的覺悟〉，由李新桃（左：慈莊法師）、張優理（右：慈惠法師）小姐演出。1958 年

的聖人都大約同時出現在二千多年前，而那時沒有哈佛、沒有劍橋、沒有北大，更沒有台大，那些聖人的學問從何而來？

或許師父在這一說，講到了答案，就是「自覺」，覺悟到自己的不足要學習，學習做人、做事、知識，讓自己成為人上人的人才。自覺是「自我教育」的性格，所以這也應該是生來就有的智慧和基因，加上自覺的奮發圖強，才有可能成就一番事業。

「自覺」性不是人人都有，甚至我覺得眾生之中，多數是沒有的，窮其一生，渾渾爾，噩噩爾，如動物之本能生活著。

少數有自覺性的人，也有早晚差別。師父的自覺性，應該是少年時代（在棲霞山參學），首讀《精忠兵傳》後，開始啟蒙顯現。之後，禮拜觀音，從少年星雲成為青年星雲，十八歲到焦山佛學院已懂得自學，開始自己大量研讀佛典、國學及當代學者著作。甚至西方作品，如《基度山恩仇記》、《莎士比亞全集》、《茶花女》，詩歌、小說等，無所不讀。

另一個對師父後來寫作有重大影響，是有焦山時，開始對鎮江各報刊投稿，我想世上所有作家都必需經過這一關煅煉，才有可能成作家，不提筆親自「試刀」，絕不可能成為作家，現代用電腦也一樣，要親自思索詞句，構思段落，結構成文章。研讀師父的許多作品，我發現師父有兩項「超人」的功力，一者大量閱讀，佛經不用說，國學和現代社會科學、文史哲類，西方文學等。二者拼命的寫，他這輩子數百本書，幾千萬言，這是對全人類無量數的法布施。他的著作，是今後中國人最珍貴的法財。

成大器者，除自己努力外，也有名師指點。師父在這說之末言，他的自學是孔子的教學，所謂「學而時習之，不亦說乎？」自覺是佛陀的教法，所謂「自覺、覺他、覺行圓滿」。這也難怪，原來師父有兩個名師，佛陀和孔子。

二〇一三年中國宜興國際素食文化暨綠色生活名品博覽會，大師與無錫市委書記黃莉新（右二）、江蘇省宗教局局長莫宗通（左一）、上海副市長趙雯（左二）、宜興市委書記王中蘇（右一）共同啟動。　圖／佛光山提供

讀32說：〈僧侶修持的回憶〉

到底怎樣才叫「修行」？大概每一個大師說法都不一樣，所有修行人的修行體驗也不一樣。就像婚姻的體驗，每家都不同，如人飲水，冷暖自知，別人無從理解，難怪師父說「要說修行，這本來是個人自我的密行，也不值得對人公開。」

只因要讓大家了解，並杜悠悠之口，以為師父只會辦活動、

大師與就讀棲霞律學院時的院長月基長老（中坐者），左一為煮雲法師

建道場、講經說法，沒有修持。於是弟子們建議師父公開「密行修行」，故有此說，師父早年經歷過很多苦行。現代的孩子聽到，一定以為師父在講《現代西遊記》，新的取經人星雲碰到的「災難」。師父年青時碰到那種「老式出家人修行法」，對現代人而言確是災難。

師父最早的修持苦行，是十五歲受三壇大戒，五十三天戒期的打罵教育。聽講開示必需跪在地上，經常一跪三、五小時，跪在砂石地上，石子透過衣服，嵌到肉裡面；等到解散後，把嵌在肉裡的石子取出時，鮮血就隨著褲管流出來。師父說這五十三天如五十三年，是青少年修行最值得回憶的一頁。

有一件事讓師父第一次感覺佛教修持的功德。在受戒結束，頭頂點十二個香疤，點香疤老師故意點成大面積，燒壞頭蓋以致失去記憶力，也造成苦難。後師父誠心禮拜觀世音菩薩，一心念著：「悉發菩提心，蓮花遍地生，弟子心朦朧，禮拜觀世音，求聰明，拜智慧，南無大慈大悲觀世音菩薩。」半年後果然心開意解，艱澀經文念一兩回就能背誦，從此信心不斷增上。

以後師父無論在學院學習，再到台灣早期，也砥礪自己修持苦行，佛門所有工作無不承擔。三十歲後的修行，提倡極簡生活，在行住坐臥衣食住中體現「修行」。師父認為「服務就是修行、發心就是修行、苦行就是修行」；在人間佛教裡，居家、工作、人我關係，都是修行，以及五欲六塵如何克服，如何超越自己，是自我昇華的修行。所以，後來師父把「修行」，改成「修心」，一切的修行進步，都從修心開始。

為方便大眾理解，師父以一教、二眾、三好、四給、五和、六度、七誡、八正道名之。這些都是人間佛教的修行法門，由此入門準沒錯。

如果你要檢驗自己有沒有進步，只要看看自己現在和十年前是否一模一個樣？今年和去年是否一個樣？

大師回大陸弘法探親，至母校棲霞律學院。1989 年

讀33說：〈我的發心立願〉

佛門常聽到「發心」，怎樣叫「發心」？師父說就是「開發心地」。心，無限寬廣，你開發多大，就有多大的收成。心，好比一塊田地，你開發、播種，就有成果收穫。發心，亦有發增上心、發出離心、發菩提心，發心必需身體力行。光想不做、空說不練，皆非發心。

師父發心立願的過程，從宜蘭弘道開始，發心要與人結緣，看到有人進佛殿便跟他微笑合掌、禮貌讚歎。接著接引青年、

大師在雷音寺前後26年，每年都主持一次佛七，圖為大師於宜蘭雷音寺主持彌陀佛七法會。1956年

講授文學、辦幼兒園、兒童學校、發展念佛會等。但總覺自己發心不足、不夠謙卑，檢討反省，才知道發菩提心是「上求佛道、下化眾生」；往昔修行「上求佛道」，現在要「下化眾生」，才是一個實踐功課。

到了佛光山，進而實踐「給他」，不要貪求「給我」，所以立下佛光山工作信條「四給」（給人信心、給人歡喜、給人希望、給人方便）。早年，師父求佛菩薩「給我聰明智慧」，師父覺得老向佛菩薩求這求那，光為自己，太自私了。後來改祈願「父母師長、信徒好友，身體健康」，四十歲時覺得這還是「我執」，再改祈願「世界和平、人民安樂」，覺得是《華嚴經》所言，「但願眾生得離苦，不為自己求安樂」。

過了六十歲，師父忽然覺得對不起諸佛菩薩，為什麼總求他們做這做那，自己做了什麼事？年近七十還不能承擔什麼！於是向佛菩薩告白：「讓我來承擔天下眾生的業障苦難……讓我來延續實踐佛陀的大慈大悲……」光是這一點發心立願，師父花了六十年以上的歲月，才慢慢有這麼一點悟道。

這是身為一個大師的謙卑和承擔，麥稻在成熟時才把頭低下。這也給所有佛光人指引一條路，給佛光人一個身教的正確示範。師父在這一說提示，「人生要發心立願，並實際去做，不會減少什麼，只會增加人間的光和熱。」我發現，用說的，凡是有嘴巴都會說，力行實踐就不容易了，「叫人做事」，往往先嚇走一堆人。

在佛法講發心立願，在一般常民社會講「立志」。發心也好，立志也罷，都是一個「初心」，未來能否如願成功，似乎和個人智慧、客觀環境及機運（因緣）有關。例如，我十五歲進軍校，立志要「成大功、立大業」，率領國軍反攻大陸，解救同胞，完成中國再統一的神聖使命。

可是，一切的一切，都是白做工，還險些毀了自己，趣者可另讀拙著《迷航記》一書。

大師與慈莊法師（右二）以及慧龍（右一）、慧傳法師（左一）的母親李新肅居士（左二）。

讀34說：〈我的寫作因緣〉

讀這一說，對師父更加敬仰、佩服，他老人家快九十歲了，徒眾們算一算，說他出版的書有五百多本，三千萬字。我今年六十三歲，出版的書約一百本，一千萬字左右，距離師父如「上求佛道」之遙遠。

每個人的時間都是二十四小時，一生就這麼幾十年，扣除吃飯、睡覺、工作等，可用時間並不多。偏偏寫作很花時間，所以要當作家必需把「主

大師至雲林龍岩糖廠趙望廠長與夫人伍錦梅女士住所家庭普照。1957 年

方向」抓住。有人把時間花在玩樂，有人花在經營賺錢，有人花在權力鬥爭，有人每月要出國旅行……運用時間等於展演自己的生命，作家時間投入的主方向，是創作、寫作，其他應該都是「業餘」，必需時可省、可略。

但我發現，師父的寫作是業餘，他說是意外的因緣，師父的「主業」是弘法，弘揚人間佛教，寫作當作家只是一種方法，透過文教，運用著作，進行弘法的春秋大業。所以，寫作與弘法（作家與和尚），可謂「相互提高」，師父這麼說：「弘法與寫作的理念，貧僧一向主張要有文學的外衣，哲學的內涵，因為文學要美，哲學要理，內外相應。」佛學是文學和哲學的總和。

就算是李白、杜甫有著先天極高才情，也是要靠後天努力。李白少年讀書，不努力成了「國四生」，某日道逢老嫗磨鐵杆，白問其故，曰：「要磨作針。」白大受感動，發奮圖強，成一代詩仙。這是「鐵杵磨成針」成語的來源，我讀這一說，深感師父從「兩隻黃鸝鳴翠柳，一行白鷺上青天」開始，到現在經常是「十大暢銷書」排行榜的名作家，正是鐵杵成針的決心和恆心，拿起筆來寫就對了。

吾有一師兄吳信義（他也是佛光人），從未有寫作經驗。幾年前他說要開始練習寫作，初期一篇五百字短文「磨」了一星期才完成，他下定決心要「磨」下去，磨了兩年多，二〇一四年九月出版平生第一本書，《所見所聞思所感》（台北文史哲出版社），是一本真情自然的散文集，感動好多同道好友。最近我碰到信義師兄，他說現在一篇幾百字短文，一、兩天可以寫成。我告訴師兄說：「再磨兩年，五百字散文只須一小時。」這是確定可以達到的目標，只要鐵杵磨成針的決心和恆心。

最近幾年也常有人問我：「怎樣才能成為作家，你一百本書怎麼完成的？」我都幽默的答說：「只要你願意坐在家裡頭，就必然可以成作家。」

當然，最主要成為大作家的條件，還是像師父那樣，愈挫愈勇，像皮球一樣愈打壓跳得愈高，把鐵杵磨成針。

前排為吳伯雄與大師，後排左起為謝明道、沈尤成、賴義明、陳順章、游次郎、陳隆陞。2002 年

讀35說：〈我的生活衣食住行〉

俗話說「人上一百形形色色」，正邪善惡，無奇不有。有人過著極簡生活，把一切無條件奉獻給這塊土地，連生命也可以為這裡的子民犧牲，如師父這樣的人。

另有一種人，享盡榮華富貴，幹盡對不起這塊土地的事，最近去倭國說「台灣人感激殖民統治」，去參拜靖國神社，感謝那些曾經屠殺中國子民的惡靈；這個「人形獸」傷了全體台灣人的心，傷了所有中國人的心。這種人要在韓國早被暗殺，在台灣大家把他無可奈何!但未來因果會處理他，因果之前沒有例外，不論你是什麼教派。這個人是誰?他就是當過台灣領導的李登輝，他當過共產黨員卻背叛共產黨，當國民黨員背叛國民黨，本質上就是背叛祖宗的敗家子。

還是來說一點人間的真善美吧!有句話說「簡單就是美」，其實凡是簡單都是真善美的。我們欣賞一首詩、攝影、書法、繪畫，任何藝術創作，美感都來自簡單；大科學家愛因斯坦把宇宙萬象用 $E=MC^2$ 來表達，真是經典美學。

師父從年輕到老，生活衣食住行都採「極簡風格」，一方面這是從佛陀創立教團立下的傳統，再者也是師父個人養成的習性。再者，中國佛教古來倡導「農禪生活」，一日不作，一日不食是吾國佛門優良風範。另一方面，由於時代動蕩，環境險惡，師父早年的出家生活，已非「簡單」二字可以形容，而是一種「無」的生存掙扎，一年四季很少有一餐可口的飯食，每天三餐吃的都是豆腐渣，豆腐是留給客人吃的。

其他的衣住行當然也簡單，經常為弘法走路五、六小時，讓師父覺得「走

大慈育幼院院長慈容法師與院童合影。2002 年

路實在是人生一大享受」。一切都在極簡中，過著清苦生活，師父反而認為是一種修行，「苦，是我們的增上緣，吃苦才能進步，吃苦才有人緣。頭陀苦行、清貧生活，可以長養道心，又有什麼不能接受呢？」孟子「天降大任」之法語，師父年輕時代已有所悟。

年輕時候，師父也曾想過，將來有錢要買什麼衣服、吃什麼東西。如今佛光山有能力了，眾多弟子爭著要供養，師父還是覺得簡單、隨緣，就是最美好的生活。師父說：「若要問我人間美味，應該就屬蘿蔔乾和茶泡飯了。」

我年輕受儒家「學而優則仕」影響，總想當官賺錢，享榮華富貴，那真是一段災難。中年後我領悟到極簡生活的妙處，發覺簡單、隨緣的生活，才是人生真正的快樂。

真如上師昨上午首次帶領福智重要弟子約七十人，南下佛光山拜見星雲大師；眾人在佛光山傳燈樓前留下教界交流的畫面。

人間福報 2015.3.9　　圖／福智佛教基金會提供

讀36說：〈我修學讚歎法門〉

我從來也不知道、不覺得，讚歎、讚美人，是一種法門、功課；甚至要「修」、要「學」，很意外，也覺得怪怪。總覺得，讚美和拍馬屁差不多，何況讚美語大多是「謊言」，正人君子少來這套吧！

直到這些年接觸佛教，很多師父都大談「讚歎法門」，我才學著改變自己，找機會「練習」讚美人。但實際上，還不能把握得宜，還是要再改善、精進，

大師於台北國父紀念館舉行的「為籌建佛光大學老歌義唱」中致詞。主持人胡慧中（左）與張魁（右）。1994.3.14

至少要學到師父的三分像才行。

師父認為「讚歎語」要不俗，如當今最高明的「不說破」禪門教育，即退而求其次，指東說西；再退而求次，以鼓勵代替責備。例如，師父讚美員林賴義明居士，他把家產給佛光山做道場，說「我們的須達長者」，因須達長者布施祇園精舍給佛陀說法傳教。賴居士聽到，歡喜了好幾十年。

師父讚歎柴松林教授是「台灣的良心」，讚歎余陳月瑛和陳菊是「媽祖婆」。讚歎蕭碧霞師姑可以「選中國小姐」，這些五十年前的往事，師姑如今也六、七十歲了，相信她現在還是很高興，她心裡想著：「當初我就是那麼漂亮，是有條件選中國小姐的。」

師父說佛菩薩幾乎無不修讚歎法門，釋迦牟尼佛和彌勒菩薩同時修道，但佛陀比彌勒早了九劫成佛，為什麼？因為佛陀多修一個讚歎法門，佛陀過去生修行時，曾七日七夜翹足讚歎弗沙佛曰：「天上天下無如佛，十方世界亦無比，世間所有我盡見，一切無有如佛者。」佛陀對自己弟子亦要讚歎，說十大弟子各有第一。如舍利弗智慧第一，目犍連神通第一，大迦葉頭陀第一，迦旃延論議第一，拘絺羅答問第一，離婆多無倒亂第一……

佛陀對弟子都要讚歎，我們對朋友、同道、親人，更要多讚歎。師父曾說：「一個人如能想出一百句藝術讚歎的美語，這個人必定成功。」可見這個法門管用，深值修學。

師父曾提到他的經驗說：「語言，要像陽光、花朵、淨水。」他深感十分受用，「良言一句三冬暖，惡言傷人六月寒」。說話，確實要小心、要用心。

在我們的社會，一般人似乎沒有讚美人的習慣。讚歎、拍馬、謊話、真言，到底如何把握得宜，恐怕是一輩子修學不完的。

大師將畫家張大千贈予的《墨荷圖》捐出義賣，以籌建佛光大學。右起為白省三、李豔秋、高信譚。1994.2.27

讀37說：〈我一生「與病為友」〉

讀完師父這一說，我應該更感謝老天爺的垂愛，感恩佛菩薩的加被保佑，讓我至今，雖年年有毛病，並無大問題，還能健康寫作，創造一點生命的意義。這些年，我常以蔣緯國將軍的一句名言自勉：「健康自己負責，生病交給醫生，壽命交給老天」，確實如是。

另一方面的感動，是師父這輩子病痛很多，與病為友，成為磨練心志的增上緣，而成就無上佛道，創建一片佛光人間淨土。這樣的「視病如親」，乃我等要學習的地方，因為生老病死，病是人生的一部份。

師父這輩子有不少病，應該和早年營養不良有關，當然大環境險惡也是健康殺手。青少年就有牙病、瘧疾，當他正在奄奄一息，他師父志開上人派一沙彌送來半碗鹹菜，師父感動得邊吃邊流淚，發願未來一定要做好出家人，弘法利生，報答師恩。

離開焦山時，出一場天花，又有皮膚病很嚴重。在宜蘭得了風濕關節炎，佛光山開山後有了糖尿病，後又有疑癌症，也有不少困擾。

一九九一年八月，法務繁忙中跌斷腿骨，由榮總主任陳天雄開刀，放四根鋼釘固定。但最嚴重的一次，是一九九五年的心臟冠狀動脈阻塞，在此之前，世界各地佛光會陸續成立、南非弘法等，師父無視病痛和對信眾的承諾，都先完成再到榮總赴約，主刀的是年輕的張燕醫師。這次師父住院最久，後來和榮總二百位醫護人員有了一段好因緣。

星雲大師親臨佛光盃現場，揮手為球員們加油打氣。
圖／人間通訊社提供

一九九九年，師父已七十三歲，視力漸失，二〇〇三年成了「無膽」的人。師父打趣說：「在這個複雜的人間社會，還是『膽小』謹慎為好。」二〇〇六年四月，不慎斷三根肋骨，還強忍傷勢，先照預定行程，到杭州參加「世界佛教論壇」，進行兩小時「如何建設和諧社會」講演。同年十月，師父行程滿滿，在印度各地弘法，主持二十萬人皈依三寶大典，因隨時有心臟衰竭之虞，由主治大夫江志恆全程陪同。師父隨時都有將色身獻給眾生，獻給佛教的準備，吾等佛弟子能不努力增上，為佛教多盡綿簿乎？

師父在這說之末，講一個老太太過逝的情形。兒女都在病榻前了，老太太說：「我想喝杯酒。」兒孫為滿老人家願，倒了一杯酒給她喝。

喝完又說：「我想抽根菸。」信西洋宗教的兒子說：「病那麼重不要抽菸。」女兒說：「就給媽媽抽菸吧！」

這位老媽媽喝了酒、抽了菸後，說了一句「人生真美」，就含笑而去了。師父很欣賞這位老太太的瀟灑態度，認為人生就是如此。

佛光山開山星雲大師在不二門前與香港青年親切對話。

師父一生與病為友，但不覺得自己生病，沒有罣礙。這是一種境界，一種很高的修行，是吾人所要學習的，如《心經》說：「心無罣礙，無罣礙故，無有恐怖。」「能除一切苦，真實不虛。」是最好的人生觀，最佳的人生修學、修煉方向。

佛陀說過，修道人要帶三分病痛，才知道發道心，師父很早領悟到這層道理，也才能與病為友一輩子。所以，師父認為，疾病是我們修行的增上緣，不要排斥它，與病為友，才是最佳的心態。用《金剛經》的話說：說是有病，即非有病，是名有病。

讀38說：〈我對生死的看法〉

佛法的功用之一是「了生脫死」，所以師父一生弘揚佛法，度百萬弟子，引千萬信眾，如今全球三百多道場，法水遍灑五大洲。所有這一切，都和眾生的「了生脫死」有關，在佛經和師父其他著作，對生死已有詳盡論說，這一說不過略述而已。

近幾年來，生死學、安寧學等課程在大學很夯，慧開法師名著《生命是一種連續函數》（台北：香海文化，二〇一四年六月），一時「台灣紙貴」，且已傳到大陸和海外。因為所有活著的人，都關心自己「下一步往何處去？」，此生之後又將如何？

不論是慧開法師所述，或師父所言，完全依據佛法而來。按佛教對「死亡」的看法，認為人是死不了的，人生是圓的，生死是循環的，生了會死，死了又生。生老病死如春夏秋冬，如宇宙萬象的成住壞空、生住異滅，有句話常聽到，「萬般帶不走，只有業相隨」。「業」跟隨著生死流轉，有如基因代代傳承，所以，人是永遠死不了的；所謂「死」，是一期生命的結束，下一期生命的開始。

但為什麼世間大家怕死？且以死為壞事、悲傷；而以出生為好事、歡喜。嬰兒誕生眾人道賀，人死卻改追悼而非恭禧！人之畏懼死亡，第一個原因是不知道死後去哪裡？邪惡之徒更害怕要去地獄。其次是對「生」的不捨，放不下親朋好友金銀財產，眷戀他的事業江山。

按佛教因緣、緣起法，世間一切「緣聚則生、緣滅則散」，這是我們必需「廣結善緣」的道理，我們是生活在「緣起」裡面。

至於人死後的超度法事，不一定有用，只是個習俗吧！師父認為開紀念會、做慈善，讓亡者獲得善緣祝福最佳。往昔

泰皇蒲美蓬（右一）在皇宮宴請「中華民國佛教訪問團」。右二起為白聖、賢頓、大師、淨心等法師。1963.6.28

慈航法師臨終交待：「不必為我放燄口、不必為我超度，大家就念觀世音菩薩，培養你們各自的因緣吧，我究竟會到哪裡去，我自有我的因緣關係。」確實，佛法本是宇宙間真理，因果之前「各人生死各人了，各人吃飯各人飽」，各人的「業」也是自己要負責的。

師父認為，生命意義的品質重於長度。對人世間能立德、立言、立功，你的功德如日月長存；若沒有，如草木同腐朽，你的生死也就沒有人在乎了。所以，你想留什麼在人間呢？

公益平台文化基金會執行長嚴長壽拜會大師。2011.6.22

讀39說：〈我要創造「人生三百歲」〉

人生到底有多少「可用」時間？這可能得因人而異。我看到很多青少年，甚至成人，好像他們的時間「無限長」，有揮霍不完的時間。但從未和我說過一句話的老友陳宏老大哥，他說「人生像少水魚」，每分每秒都要盡量把握，善加使用，不能讓分秒虛度，否則下一秒可能就沒水了，連呼吸都困難。

讀了師父很多很多的作品，我才知道師父從很年輕就知道要像一隻少水魚，把每分每秒做最有效的運用。難怪他說「人生三百歲」，師父引唐伯虎打油詩曰：

人生七十古稀，我年七十為奇，
前十年幼小，後十年衰老；
中間只有五十年，一半又在夜裡過了。

算來只有二十五年在世。
受盡多少奔波煩惱。

以台灣地區平均壽命，男77歲，女83歲，受教育時間拉長很多，現代人雜事又多，可用時間確實比古人少很多。若還不知把握時間，從事有意義的事，等到有一天這期生命結束，不僅啥也沒留下，能「隨業相隨」的也沒有。本期人生真是白來，下期生命何處去更是無窮悲哀！

師父一輩子建設數百寺院，五所大學，加上中小學、幼稚園和其他事業，這麼好因緣的配合下，人生像是活了三百歲。這三百歲也是經過精算的，師父一天做五人事，到八十歲時弘法已六十年，六十乘以五，得出三百歲。但師父現在又快九十歲了，應該

▲星雲大師接心開示。

▶禪學營課程中的山水禪採自由參加制，大多青年都樂意趕早禪修。

▼星雲大師贈《貧僧有話要說》千本，更一一簽名，以表關懷青年學佛的心意，大家歡喜不已。

達到「人生四百歲」的境界，古今誰與倫比！

文字的壽命、功德的壽命、道德的壽命。一個懂得運用時間的人，他的時間是心靈時間，能夠縱心自由，思接千載；不知運用時間的人，他的生命渾渾噩噩，渺小而有限。師父期許自己並勉勵大家，像阿彌陀佛，過超越時空限制的人生。

我向師父學習使用時間的哲學，今年六十三歲，出版第一百本書，約一千萬字，我現在是「人生兩百歲」。師父鐵定不知道有我這位弟子，因為師父的皈依弟子至少有一百萬人以上。

教育部核准通過中國文化大學印度文化研究所成立，禮請大師擔任第一任所長。

讀40說：〈真誠的告白：我最後的囑咐〉

這一說是師父在八十五歲時，所作預立遺囑，當時只給佛光山弟子知道，在《貧僧有話要說》當成一個總結，定名〈真誠的告白〉。

這是師父的遺言了，讀了好幾回，每回都被他「無我」的精神，在心頭悸動著，眼眶濕紅，只好把書合起來，去喝一杯熱茶，平撫一下激動的情緒。思索著，世上怎有這樣的人？用他的血肉生命布施給眾生，而他自己生活在「無」的世界，精神心靈則有如「宇宙富豪」，他擁有整個宇宙。這貧富之間，他如何整合「統一」的？

這一說，師父也好似對弟子信眾的「告別演說」，對自己這一輩子創建的大事業做個交待，叮嚀未來的經營方向。文中精要段落，也在這裡抄錄下來，給有緣的讀者交流共勉。首先，師父講到自己心境：

> 我一生，人家都以為我聚眾有方，事實上我的內心非常孤寂，我沒有最喜歡的人，也沒有最厭惡的人。別人認為我有多少弟子、信徒，但我沒有把他們認為是我的，都是道友，我只希望大家在佛教裡各有所歸。

佛菩薩不執著於愛，亦不執著於不愛，故能「無緣大慈、同體大悲」。《四十二章經》第十六章：「佛言，人懷愛欲不見道者，譬如澄水，致手攪之。眾人共臨，無有覩其影者。人以愛欲交錯，心中濁興，故不見道。汝等沙門，當捨愛欲。愛欲垢盡，道可見矣。」師父不僅捨了對人的愛欲，也捨了對「物」的愛欲。故這一說的第一段，師父一輩子「上無片瓦、下無寸土」；因其不獨愛於一人，不獨愛於一物，才能如佛菩薩之愛眾生，不捨眾生，普度

我最後要說的是：
心懷度眾慈悲願，身似法海不繫舟；
問我一生何所求，平安幸福照五洲。
星雲
於佛光山開山寮
（本文於2013年完稿）

眾生。

但師父這輩子建立龐大的佛光人各種團體，在全球各地不分日夜傳揚佛法，須要各種人才負責經營管理，各階層團體都須要「領導」。師父是佛光系統的「最高領導」，當然要負責提拔、決定派任各級領導人。大家都想當領導，人事向來很頭痛，師父這麼說：

> 我對大家也沒有何好、何壞，在常住都有制度，升級都有一定的標準，但世間法上總難以平衡，升級的依據：事業、學業、道業、功業，這裡面大小、高低、有無，看的標準各有不同，都與福德因

中華佛教文化館「影印大藏經環島宣傳團」，前排左起：朱斐、林松年、煮雲法師、南亭老和尚、大師、廣慈法師、李決和。
1995.10.23

緣有關。所以大家升級與否，不是我個人所能左右，這是我對所的徒眾深深抱歉，我不能為你們仗義直言，做到圓滿。

這是當然，世間法本來就不可能全部公平。師父因此也訓勉大家要學習受委屈，宗務委員會決議你們的功績升降，出家道行，自有佛法評量，不要在世間法上論長道短。但師父也考量到時代潮流，《佛光山徒眾手冊》可以修改，要依程序走，要經大眾同意。

大師開講

什麼是「人間佛教」

◎文／星雲大師　◎圖／編輯部

「人間佛教」不是哪一個人的，是佛祖的，是大家的。

佛光山推動「人間佛教」，什麼是「人間佛教」呢？佛陀出生在人間，修行在人間，成道在人間，弘法在人間，說法在人間，所以佛教就是人間佛教；凡是佛說的、人要的、淨化的、善美的，有助於增進幸福人生的教法，都是人間佛教。人間佛教的發展有四個重點：

第一、從山林走向社會：過去修道人以住到山林、住到偏僻、沒有人煙的地方為好，現在不是了，現在社會交通便利，「天涯若比鄰」，所以佛教要重視與社會的因緣關係。

第二、從寺院走向家庭：佛教不一定只是在寺院裡，它應該要走入家庭裡。因為人間佛教重視家庭幸福、家庭美滿、家庭快樂、家庭和諧，若能「家家彌陀佛，戶戶觀世音」，人人就可以幸福快樂了。

第三、從出家走向在家：在佛教裡，菩薩不一定都是現出家相，像觀音、文殊、普賢菩薩都是現在家相。所以，佛教是大家的，出家、在家通通都有份，是社會的、人間的財富。

第四、從講說走向服務：未來社會的發展，必然是一個講究服務的社會，誰能為人服務，誰就能存在；誰不為人服務，就會慢慢被淘汰。所以，人間佛教要積極地對國家、對社會、對民眾做出服務、做出貢獻。

總的來說，人間佛教不同於過去落伍的、化緣的、念經的佛教，而是能帶給人幸福、安樂的佛教。實踐人間佛教，可以增加人類的道德、改善社會的風氣、淨化自我的心靈，維繫社會的次序。所以，人間佛教必定是未來世界的一道光明。

(法堂書記室整理供稿)

身為一個出家人，應該要隨緣自在，世間一切來了，不必覺得歡喜，去了不覺得可惜。法界的一切都是我的，形相上無常，一切都不是我的，不要對世俗有太多留戀。但有二事，師父希望大家好好奉行，其一是佛光人工作信條「四給」：給人信心、給人歡喜、給人希望、給人方便。要到處散播佛法種子，才能廣結善緣。

其二是佛光弟子「十不」（看〈我的管理模式〉一說）時時以眾為我，以教為命，在佛道上安身立命。對佛光人如何看待世間財富？師父期許徒眾點滴歸公，正信辦道，勿為食衣住行分心罣礙，此實不足道也。佛光山也不要留著錢財，要施之十方：

> 我希望常住淨財要用於十方，不要保留，這才是佛光山未來的平安之道。除了道糧需要以外，如果還有淨財，一律都布施文化、教育、慈善。佛光山取之十方、施之十方……和佛教界、道友都不共金錢往來，要有往來就是布施，沒有償還，不可借貸，免除日後紛爭。

師父的經濟觀很「超現代」，風險管理與眾不同。吾等世俗看法，錢財要留著自己用，才是平安之道。但師父是「不要保留」，用之十方，才是佛光山未來平安之道，這裡面深涵哲學、佛法及現代風險管理之妙道，讓我不盡讚歎師父，真乃「神人」也。

師父一生以弘揚人間佛教（見後掃描資料）為職志，以佛光山現在千餘出家弟子，多得是佛門龍象，一定可以帶領佛光人在全球發揚人間佛教。但師父也深悟世間無常之道，對弘法事業難免有不同看法，所謂「我執已除、法執難改」。是故，師父也能包容想要出去「獨立」，另創宗派者。師父這麼說：

要另立門戶，我們也要有雅量接受這種佛光的分燈法脈。只要對宗門沒有傷害，不要給予排擠，還是要給予包容。

師父解釋我們的理念，不在於自我的成就，在於佛法能夠傳承，現在僧信四眾已有規模，佛光山的比丘、比丘尼要擔綱，佛光會的優婆塞、優婆夷也要出一些人才。大家團結才有力量，使佛光會日日增上，佛光普照。師父雖然一生以無為有，但他就像一個老父親，對自己兒女慈愛的叮嚀，尤其對「平等」的倡導，佛光山花木、長老、山下的村民，師父念念不忘：

希望徹底落實「眾生平等」的精神。大家對山上的老樹、小花，要多多愛護，山下的村民、百姓，應該給予關懷；育幼院的兒童要多多鼓勵，精舍安養的老人要時常慰問，對開山的諸長老要給予尊重。

師父一輩子「上無片瓦、下無寸土」，卻總牽念著眾生大小事，老樹小花、村民百姓。師父雖叫大家世俗不要太留戀，有些事則很堅持，例如幾所大學、中學，開支最浩繁，如確實不能維持，無條件贈予有緣人管理，不可賣學校，那樣對募款興學的人無法交待，也有損佛光山名譽。師父雖然快要帶走大家給他的尊重，帶走大眾給他的緣分，帶走大眾給他的情誼，師父希望大家謹記他留給我們的正法：

我一生所發表過的言論，如「集體創作、制度領導、非佛不作、唯法所依」，又如傳法說偈：「佛光菩提種，遍灑五大洲，開花結果時，光照寰宇周。」希望大家都能謹記、實踐。所謂「有佛法就有辦法」，凡我信者，要實踐慈悲、喜捨、結緣、報恩、和諧、正派、服務、正常、誠信、忍耐、公平、正義、發心、行佛……這些都是佛法，能夠實踐，你就會有辦法。

所以佛法不僅在經文裡，主要還有生活的實踐裡。我們常說佛法是宇宙真理，自在宇宙就存在，如星球之引力，佛陀才有《金剛經》中，「若人言如來有所說法，即為謗佛，不能解我所說故。須菩提！說法者，無法可說，是名說法。」之言說，師父所說的「有佛法就有辦法」，本意是要大家實踐那些宇宙真理，佛陀所說就是宇宙真理，佛陀的「發現」，不是「發明」，故如來無所說法。

師父在最後的囑咐，仍為我們開示這些真理，是他對所有佛光人有很高的期待。師父最後說：「我沒有舍利子，各種繁文縟節一概全免」，只願人間佛教與天地同久存，「法幢不容傾倒，慧燈不可熄滅」，大家都能在人間佛教的大道上繼續精進。

附　件

我對因果與方孝孺誅滅十族的存疑和探究

台灣首座巨蛋——桃園巨蛋體育館落成典禮，大師應邀講演「佛教的財富觀」。1993.9.6

佛光山 2015 年第八十一期短期出家修道會
2015 Fo Guang Shan 81st Short-term Monastic Retreat

短期出家戒子禪修跑香

附件：我對因果與方孝孺被誅滅十族的存疑和探究

——附顏石大德解說全文

我對因果論的認識大約分兩個階段，前期是中年以前，尚未認識佛教各種理論（思想），我所理解的因果是學術研究（科學範圍內）上，「A變項」和「B變項」的因果關係推論。這在一般學術論文，尤其碩博士論文極為講究，有一門「方法論」學科專談這個問題。

把因果推到三世，乃至生生世世都和因果有關，是中年以後認識佛教才知道的。從此，因常聽佛光山師父們講經說法，加上自己也有興趣閱讀大師作品，當然就深信因果，造了因，必承受果，可謂是一種「鐵律」。

但我對社會科學、史學從年青就有興趣，對現世社會種種黑暗、事件，乃至歷史上無數政治慘案，似乎都可以用佛教的因果律解釋。例如，李登輝禍國殃民，大漢奸一個，為何享盡榮華富貴？每有大師說「他前世的『存款』尚未用完」，這或許因果解釋還算「合理」。

在歷史事件中，我對明代大思想家方孝孺，因不為篡位的燕王朱棣（明成祖）寫詔書，而被滅十族，佛教對此一慘案也有因果解釋。我總覺得不合理，有很多存疑，若這個案件也是因果所致，則天底下所有罪惡都可經由因果，得到「合理化」詮釋。

有一天，我在《海潮音》九十五卷第八期〈二〇一四年八月號〉，看到顏石大德的〈無常與因果〉一文，我寫信向他請教。以下是我的信原文和顏石大德的回信。

顏石大德：

讀大德在《海潮音》第95卷第8期〈無常與因果〉乙文，我深有所惑！以往我聽到的佛教大師，都用因果解釋人生碰到的一切問題，離婚、出車禍、生意失敗、不能升官……幾乎可以用因果解釋一切，但看大德這篇文章，好像不行！

該文末段「因果的不可解釋性」，只寫七行，並未充份說明為什麼？可否請大德詳述？

多年前我看到一本佛教論文，解釋明代大儒方孝孺被誅十族的因果。燕王篡位成功當了明成祖，命孝孺作即位詔，不從，被誅十族。

那論文解釋，孝孺的祖父（或父親）要造大墓，找到一塊好地，但該地有個大蛇窩，大小蛇數百條，竟將之一把大火燒死光光。是晚，有一老者投夢說：「你害死我一族數百生命，債一定要討回。」報應在方孝孺一代十族顯現，被誅人數正好是被燒死蛇的總數。以上因果的解釋若可成立，問題很大：

一、把篡位者合理化，也等於鼓勵所有搞政治的可以篡位，歷史正義、社會正義何在？

二、方孝孺是一代大思想家，代表春秋大義的存在，若因果解釋成立，他是活該嗎？和他一起被誅的數百人也活該嗎？春秋大義也不存在了。

三、若本案的因果解釋成立，那麼，無數的罪惡也可以合理解釋了。

請大德開示，祝福平安健康

後學 **陳福成** 敬上 （地址如信封）

致某居士大德的回信

顏石

敬致某居士大德：

刊載於《海潮音》九十五卷第八期（今年八月號）拙文〈無常與因果〉，承蒙某居士大德來信指教，信中認為佛教一直有許多針對人生問題的解釋，都以因果關係說明，但拙文中似乎表示「無法用因果解釋一切」，令其頗生疑惑。希望筆者能針對「因果的不可解釋性」多做論述。此外，並提出明代方孝孺被誅十族的故事為個案，指出若干因果解釋的問題。

關於因果及其解釋

在此首先要重申和說明先前拙文的意旨在於指出「人們不能用一己的理解、或是想像中的、或是過去的經驗，以這些來解釋一切的因果關係」，而不是無法以「因果關係解釋一切」。因為就佛教而言，因果關係是佛教信仰的原則和基石，眾生的思想行為都有因有果，世間萬象的運作都是基於因果關係，因果關係是不可違背的，所以有六道輪迴，有「諸惡莫作，眾善奉行，自淨其意」的教義，和佛教種種的解釋立論。

問題在於：一切的因果關係，是否是身為凡夫俗子的我們能夠解釋的？而這些解釋是否合理或真的是現象的全貌？而因果解釋和佛教的超越輪迴又有何關聯？這才有需要注意「因果的不可解釋性」這命題。嚴格來說，因果的不可解釋性是指人類在解釋因果關係上有其限制，或是其中會有引人犯錯的陷阱。

首先，關於因果解釋的限制方面。遠者以最能解釋的自然現象為例，在大範圍和大方向上面，自然現象是人類可以解釋的，就像氣象預報，冬天北方的冷高壓來了，氣候會變得乾冷；夏季海上的熱帶低氣壓，有形成颱風的潛能。而人們固然知道地震發生的可能成因，卻無法預測，只能在地震後做震源和幅度等的追蹤說明，至於為何地震？再精確的原因也是推論，因為如果能夠知道每一次地震的真正原因，包括起點，人們按理應該是能夠預測地震才是。但人類無法在一開始就精確的預測，為什麼甲熱帶低氣壓會變成超級颱風？而乙卻不會？

近者如疾病像感冒之類，人類固然知道因為病毒才會感冒。但為什麼一場流行性感冒中，同一家人，或是在同一個工作場所，甲得到流行感冒，而乙沒有？我們多半無法明說到底是在哪裡？什麼時候？得到流感的。

既然連我們習以為常，最能夠以因果關係解釋的自然現象，都受到相當的限制，也有某種程度的不確定和不精確。我們為什麼可以相信自己能夠解釋更複雜的人類現象？例如有許多人大談其事業成功的秘訣？有所謂的成功哲學。但仔細觀察，也有很多人終其一生信奉的實行相同的哲學，卻不見得「成功」？或是理想上我們要人謹守道德，現實上我們卻又流傳「好人不長命，禍害遺千年」的感歎？又如常見的感情、金錢糾紛，大部分的解釋都是事後諸葛，其實我們並不清楚其中真正的關鍵所在。

此世今生的現象都已經如此，我們又怎麼知道許多的前世，在今世加總起來的複雜關係？然後用最簡單的一命償一命，一報還一報的模式說清楚？而佛教告訴我們，今世只是無始以來的輪迴流轉中的一世。

其次，關於因果關係解釋中的陷阱。主要是人們太過主觀的理解基礎，或是過度相信某種原理造成的。如同先前〈無常與因果〉一文中提到的，現在流行的離婚與邪淫的因果解釋，即是一例。有時候我們在解釋因果關係時，因為不能擺脫主觀的見解，或是受到某種動機、信念、利益、情緒的影響，對於因果關係的解釋很容易就化約成簡單的模式。明代方孝孺的因果故事，也可屬此類。

方孝孺與其因果故事

方孝孺（一三五七年—一四〇二年）是明朝的大儒，明朝的江浙行省台州路，寧海縣人，大約是現在的浙江寧波人。自明太祖時即在朝廷任職，雖然以學問著稱，但不受重用。明惠帝（一三七七—？，因為年號建文，一般也時建文帝）就位後，馬上在建文元年（一三九九年）召他為翰林院侍講，也成為建文帝倚重的輔臣。

明惠帝為了抑制明太祖時大舉分封宗室，導致各地方政權擁兵權自重的結果，於是有所謂的「削藩」的政策。而諸王之間，又以其叔燕王朱棣（一三六〇—一四二四，即後來的明成祖）勢力最大，也於建文元年自北京起兵，以「靖難」為名向南京發動攻勢。這場史稱靖難之變的宮廷鬥爭，最後明惠帝在建元四年以戰敗，失蹤收場。朱棣則成為明成祖。

由於方孝孺的學問和人格頗有影響力，明成祖希望他能為己所用。不料方孝孺質疑明成祖朱棣繼承皇位的正當性，於是明成祖將他下獄，並處死他。而且在處死他之前，先搜捕他在城中所有的親屬關係人等，在他面前將他們處決。就連他死後為他收屍的門人廖鏞、廖銘也被捕殺害。因為此案牽連而死的有數百人。

這場皇家宗室間的政治鬥爭所引發的悲劇，後來結合民間的風水之說，成了佛教宣傳護生的故事。於《好生錄》：

明方孝孺，父將營葬，夢朱衣老人拜曰：「君所還穴，正我住處。幸寬三日，俟吾子孫遷盡，當有厚報。」言訖，復再三稽首。其父寤而不信，竟令人掘，有紅蛇數百，盡焚之。夜復夢老人泣曰：「我已至誠哀懇，奈何使我八百子孫，盡殲烈焰乎？汝既滅我族，我亦滅汝族。」後生孝孺，其舌宛如蛇形。官翰林學士，觸怒成祖，命斬十族。計被殺者，正如蛇數。

這個故事解釋方孝孺案的慘劇，其前世因果是因為方孝孺的父親為了修造墓穴，所以放火燒了預定的墓地好整地。導致有八百條蛇死亡，蛇族首領後投生方家，成為方孝孺，導致其族八百人被處決。這是這則經常被人引用的故事的原始內容。

這則故事看來簡單，而且似乎順理成章。但除了其中警告人們戒殺的直接意義外，其中的時間順序和因果關係，並不像表面的前世造殺業，而今世被殺這麼單純。這部分留待後面再討論。先說明《好生錄》和這個故事大致的相關背景。

《好生錄》中這則方孝孺的故事，有兩條主要的線索。一是據焦竑（一五四〇年—一六二〇年）的《國朝徵獻錄》，《好生錄》應該是曾任開封知府的金尚德（約一四二〇？—一四八〇？）所編。《國朝徵獻錄》收有金尚德的墓志：「平生著作甚多，在山西有晉陽稿；在南畿集審理奏稿，為三卷，曰：《好生錄》」。其二，於清朝的《蓮修起信錄》中，也有幾乎完全一樣的故事內容。故事後還附上引經據典的內容，要人慈悲戒殺生的說明。其中微小的差異只在於一者描述方孝孺的形貌有蛇的特徵，另一則並沒有。

按《國朝徵獻錄》關於金尚德的資料，這則故事是金尚德在南畿收集審理的奏稿而來的。南畿在明代指南京，也就是方孝孺這個故事的發生地。至於金尚德，他是在方孝孺死後不超過三十年內出生的人，是浙江麗水人。麗水離方孝孺的家鄉寧波約三百多公里遠。而金尚德既然曾歷練南京，不論時間和空間，金尚德和方孝孺都是很接近的，想必他對方孝孺一案必定有相當程度的了解。為何在當時的奏稿中有這一則故事？而他是否不假思索的收錄這則故事，其中的意思頗耐人尋味。

至於佛教文獻中關於方孝孺的記載並不是只有這則故事，但大都簡語帶過，也不太有負面的評語，如明末幻輪編《釋鑑稽古略續集》卷二：「九月立嫡長孫允文為皇太子，以方孝孺為漢中教授。孝孺台州寧海人，聰明絕倫，雙眸炯炯如電，讀書一目十行俱下，鄉人呼為小韓子。宋濂謂曰：子之文非當世之文也。太祖謂皇太子曰：此莊士也。又曰：異人也。後建文末狥忠……」。對於方孝孺的記載從建文後多語焉不詳。蕅益智旭（一五九九—一九六五）的《周易禪解》在解釋「震卦」的上六爻（即這個卦的最上一爻，六表示是陰爻）辭中：

> 此如王安石、方孝孺等。生今反古，名為迷復。非昏迷不復之設。約佛法者，不中不正，恃世間小定小慧以為極則，因復成迷。故不惟凶，且有災眚。若以此設化教人，必大敗法門，損如來之正法。至于十年而弗克征，以其似佛法而實非佛法，反于圓頓大乘之君道。如今世高談圓頓向上者是也。又約六度，即是布施。而遠于智慧、著相、著果報、起慢、起愛，亦能起見。故雖是善因，反招惡果。良由不達佛法之君道故耳。

由以上的內容，似乎在淨土的傳承當中，對於方孝孺的評價並不是太好，反對其所謂忠君之道，並不符合佛法的君道。

至於為何方孝孺的故事，在一開始以其傳說故事當作戒殺的教材，而佛教中對此事的記錄頗有隱情，後來變成淨土宗批判方孝孺所主張的君道，乃是一種迷思。其中的緣由委曲，則需另起題目研究。但至少從這簡單的內容能夠知道其起源和背景。

又這樣的故事對方孝孺是否公允？可留待不同的政治史角度分析評論。這也是某居士大德來信中提及方孝孺的因果故事，質疑它把篡位者合理化，也抹滅方孝孺所代表的春秋大義。最後，這種故事似乎還把其中的罪惡合理化了。

由於政治或傳統思想的批判並非筆者所長，這部分需留待專精者來加以說明解釋。但能同意這類因果故事的潛在問題，有時候的確是把某些罪行或惡行合理化了。筆者過去也有朋友對佛教的因果解釋相當反感，因為其父親不事生產，只一味要母親努力工作，對於長大成人的子女也是一樣，只對家人伸手要錢。朋友從小到大只記得父親始終如一的說辭，就是全家人前世欠他的，所以這輩子要還。因果之說被人拿來如此應用，可見人們因果之說的偏差可以有多大。

方孝孺故事的再分析

再回頭分析方孝孺的故事，這個看似簡單的故事，其實包括了許多的抉擇，也就代表了其中許多的因果關係組合。首先，為何這蛇族八百條的性命，一定要是方孝孺的氏族來償還的？

這種邏輯嚴格來說是中國式的因果模型，卻不是佛教式的。因為佛教式的因果模型是個人式的，《佛說興起行經》裡有釋迦族被屠城，而佛陀頭痛的故事：

一時佛在阿耨大泉，與大比丘五百人俱，皆是阿羅漢，六通神足，唯除一比丘——阿難也。佛告舍利弗：「過去久遠世，於羅閱祇大城中，時穀貴飢饉，人皆捨取白骨，打煮飲汁，掘百草根，以續微命。以一升金，貿一升穀。爾時，羅閱祇有大村數百家，名曰吱越。村東不遠，有池，名曰多魚。吱越村人，將妻子詣多魚池，止於池邊，捕魚食之。時捕魚人，採魚著岸上，在陸而跳。我爾時為小兒，年適四歲，見魚跳而喜。時池中有兩種魚：一種名麩，一種名多舌。此自相語曰：『我等不犯人，橫被見食。我等後世，要當報此。』」佛語舍利弗：「汝識爾時吱越村人，男、女、大、小不？則今迦毘羅越國諸釋種是；爾時小兒者，我身是；爾時麩魚者，毘樓勒王是；爾時多舌魚者，今毘樓勒王相師，婆羅門名惡舌者是。爾時魚跳，我以小杖打魚頭，以是因緣，墮地獄中，無數千歲。我今雖得阿惟三佛，由是殘緣故，毘樓勒王伐釋種時，我得頭痛。」

在這故事中，釋迦族之所以遭滅族，是因為他們前世是某村的人，因為飢荒，不論大小都參與殺害一池裡的魚類，所以這一世遭琉璃王（即毘樓勒王）殺害。而佛陀本身雖未加害，也因為打了魚頭，所以自然有了頭痛的宿疾。（釋迦族被屠滅的故事，史證並不充份。）

對照方孝孺一案，即可看出被方孝孺牽連的所有人，如果按佛教的因果模式，這些被牽連而遭殺害的人，必定也要實際直接參與當時方父營造墓穴，殺害蛇族的過程和行為，才有被牽連而遭殺害的結果。但這整個故事從被殺害者的年齡、身份，與方家的關係看來，他們未必都是方家家族的人，有些是方孝孺的學生門徒，或是同儕，他們是否全都參對方父殺蛇的事件，顯然應該是不能成立的。但在故事中卻變成蛇族全族和方家的仇恨。

而蛇族領袖投生方家，以自己再次慘遭殺害的方式，來引發許多人遭到殺害，這更是戲劇化的。因為，這情節頗有按照人類的復仇情節，加上對蛇類的恐懼而成的。嚴格說來，這整個故事的因果關係，並不符合佛教的原則。

小結，從方孝孺的故事再次能夠看出，人類對於一起事件的因果解釋，如果不加思索分析，經常是有問題的。像這類故事固然有借助名人的案例，強調護生的重要，有其戒殺的教育價值。但這層教育價值，相對於這件慘劇當事人的名聲，方孝孺所堅持的精神，它的影響又是什麼？而這之間的利害得失？又會在以後產生何種因果關係呢？這是我們可以思考的。

唯佛能知與因果的不可解釋性

在佛經中經常提到「唯佛能知」，指包括宇宙的各種成因，或是深刻的見解體悟，只有佛才知道。有些故事還提到佛陀的弟子認為某人並沒有出家的因緣，但佛陀卻能知道其宿緣，令其出家悟道。這類比喻，或簡短的小故事，也在提醒我們，只有佛才能知道一切的因果。而在成佛前的我們，所知所見都是有限的。在佛經中也經常用「不可思惟」或「不可思議」這四個字以提醒人類，我們的思維、所知的侷限性，以及它和修行之間的關係。例如「增壹阿含經．苦樂品」：

> 世尊告諸比丘：「有四事終不可思惟。云何為四？眾生不可思議；世界不可思議；龍國不可思議；佛國境界不可思議。所以然者，不由此處得至滅盡涅槃。」

……

「如是。比丘！有此四處不可思議，非是常人之所思議。然此四事無善根本，亦不由此得修梵行，不至休息之處，乃至不到涅槃之處，但令人狂惑，心意錯亂，起諸疑結。」

「所以然者，比丘當知，過去久遠，此舍衛城中有一凡人，便作是念：『我今當思議世界。』是時，彼人出舍衛城，在一華池水側，結跏趺坐，思惟世界：『此世界云何成？云何敗？誰造此世界？此眾生類為從何來？為從何出？為何時生？』是時，彼人思議，此時便見池水中有四種兵出入。是時，彼人復作是念：『我今狂惑，心意錯亂，世間無者，我今見之。』時，彼人還入舍衛城，在里巷之中作是說：『諸賢當知，世界無者，我今見之。』」

「是時，眾多人報彼人曰：『云何世間無者，汝今見之？』時，此人報眾多人曰：『我向者作是思惟：「世界為從何生？」便出舍衛城，在華池側，作是思議：「世界為從何來？誰造此世界？此眾生類從何而來？為誰所生？苦命終者當生何處？」我當思議，此時，便見池水中有四種兵出入，世界無者，我今見之。』是時，眾多人報彼人曰：『如汝實狂愚，池水之中那得四種兵？諸世界狂愚之中，汝最為上！』

「是故，比丘！我觀此義已，故當汝等耳。所以然者，此非善本功德，不得修梵行，亦復不得至涅槃處。然思議此者，則令人狂，心意錯亂。然比丘當知，彼人實見四種之兵。所以然者，昔日諸天與阿須倫共，當共時，諸天得勝，阿須倫不如。是時，阿須倫便懷恐怖，化形極使小，從藕根孔中過。佛眼之所見非餘者所及。」

「是故，諸比丘！當思議四諦。所以然者，此四諦者，有義、義理，得修梵行，行沙門法，得至涅槃。是故，諸比丘！捨離此世界之法，當求方便，思議四諦。知是，諸比丘！當作是學。」

所謂的「思議」即包括了討論分析其因果關係。從佛陀開示的簡短故事中，可以看到佛陀要人不要專注在「眾生」、「世界」、「龍國」、「佛國」這四種現象，因為它們都是常人不可思維、議論的。妄加思維，談論這四種現象，只是讓自己徒增困擾，卻不能有助於得到涅槃。所以這裡舉出一個例子，有人因為想要得出世界形成和毀壞的由來，結果是看到池水冒出四種部隊出入，被大家當成狂愚的人。所以，佛陀要人專注於四諦，以此修行。

其實，在現實的生活中，往往還是可以聽到許多人活在自己編織的因果關係中，例如最常見的，是有些人往往不斷談論某人自己，或是某人與某人的前世因果如何又如何。以此為基礎談論佛理，但其實只是在不斷地藉由分析大家的前世因果，合理化今世的種種。有趣的是，這類因果故事裡，人永遠是人，而周遭與之有關係的人，前世也都還是人。按佛教六道輪迴的原則，今世要輪迴為人，並不是件很容易的事，而我們的前世是否是人？與周遭的人，是否在前世也都是以人身而建立的關係？並不是那麼簡單的。而分析這些前世的關係，又是否真能解決此世的問題？還是只是增加一種合理化彼此種種行為的理解，但與佛教所追求的慈悲智慧、對輪迴的超越，其實是有著相當距離的。

最後，再次感謝某居士大德來信賜教指正，並祈不吝賜教。敬祝

道安

顏石合十

顏石大德的回信，刊登在《海潮音》第九十五卷第十期（民103年10月出刊），看了他的文章，讓我釋懷很多，也進一步了解所謂的「因果的不可解釋性」。

因果我當然是深信不疑的，尤其自己種的因，當然自己要收果，這是合理的。但解

釋範圍有多少？那些可用因果解釋？那些不行？則可能是一門很深廣的學問。常言說「菩薩畏因、眾生畏果」，無論如何！因果都可畏，到底怎樣可畏？如這位顏石大德說的「唯佛能知」，這就讓我寬心許多！

為何？唯佛能知。我雖有佛性，又身為佛弟子，畢竟沒有佛的智慧和境界，我的疑惑、我的不知，也就合理了，相信就好。《因果經》如是說：

富貴貧窮各有由，夙因緣分莫強求；
未曾不得春時種，空守荒田望有收。

如李登輝禍國殃民，出賣靈肉，還是大漢奸，台灣人每年還幾千萬供養他。如方孝孺滅族慘案……古今無數類似的案，因果未必能完全解釋，其真義真相，唯佛能知。

陳福成 80 著編譯作品彙編總集

編號	書　　　名	出版社	出版時間	定價	字數(萬)	內容性質
1	決戰閏八月：後鄧時代中共武力犯台研究	金台灣	1995.7	250	10	軍事、政治
2	防衛大臺灣：臺海安全與三軍戰略大佈局	金台灣	1995.11	350	13	軍事、戰略
3	非常傳銷學：傳銷的陷阱與突圍對策	金台灣	1996.12	250	6	傳銷、直銷
4	國家安全與情治機關的弔詭	幼　獅	1998.7	200	9	國安、情治
5	國家安全與戰略關係	時　英	2000.3	300	10	國安、戰略研究
6	尋找一座山	慧　明	2002.2	260	2	現代詩集
7	解開兩岸 10 大弔詭	黎　明	2001.12	280	10	兩岸關係
8	孫子實戰經驗研究	黎　明	2003.7	290	10	兵學
9	大陸政策與兩岸關係	黎　明	2004.3	290	10	兩岸關係
10	五十不惑：一個軍校生的半生塵影	時　英	2004.5	300	13	前傳
11	中國戰爭歷代新詮	時　英	2006.7	350	16	戰爭研究
12	中國近代黨派發展研究新詮	時　英	2006.9	350	20	中國黨派
13	中國政治思想新詮	時　英	2006.9	400	40	政治思想
14	中國四大兵法家新詮：孫子、吳起、孫臏、孔明	時　英	2006.9	350	25	兵法家
15	春秋記實	時　英	2006.9	250	2	現代詩集
16	新領導與管理實務：新叢林時代領袖群倫的智慧	時　英	2008.3	350	13	領導、管理學
17	性情世界：陳福成的情詩集	時　英	2007.2	300	2	現代詩集
18	國家安全論壇	時　英	2007.2	350	10	國安、民族戰爭
19	頓悟學習	文史哲	2007.12	260	9	人生、頓悟、啟蒙
20	春秋正義	文史哲	2007.12	300	10	春秋論文選
21	公主與王子的夢幻	文史哲	2007.12	300	10	人生、愛情
22	幻夢花開一江山	文史哲	2008.3	200	2	傳統詩集
23	一個軍校生的台大閒情	文史哲	2008.6	280	3	現代詩、散文
24	愛倫坡恐怖推理小說經典新選	文史哲	2009.2	280	10	翻譯小說
25	春秋詩選	文史哲	2009.2	380	5	現代詩集
26	神劍與屠刀（人類學論文集）	文史哲	2009.10	220	6	人類學
27	赤縣行腳・神州心旅	秀　威	2009.12	260	3	現代詩、傳統詩
28	八方風雨・性情世界	秀　威	2010.6	300	4	詩集、詩論
29	洄游的鮭魚：巴蜀返鄉記	文史哲	2010.1	300	9	詩、遊記、論文
30	古道・秋風・瘦筆	文史哲	2010.4	280	8	春秋散文
31	山西芮城劉焦智（鳳梅人）報研究	文史哲	2010.4	340	10	春秋人物
32	男人和女人的情話真話（一頁一小品）	秀　威	2010.11	250	8	男人女人人生智慧

陳福成80著編譯作品彙編總集

編號	書名	出版社	出版時間	定價	字數（萬）	內容性質
33	三月詩會研究：春秋大業 18 年	文史哲	2010.12	560	12	詩社研究
34	迷情・奇謀・輪迴（合訂本）	文史哲	2011.1	760	35	警世、情色
35	找尋理想國：中國式民主政治研究要綱	文史哲	2011.2	160	3	政治
36	在「鳳梅人」小橋上：中國山西芮城三人行	文史哲	2011.4	480	13	遊記
37	我所知道的孫大公（黃埔 28 期）	文史哲	2011.4	320	10	春秋人物
38	漸陳勇士陳宏傳：他和劉學慧的傳奇故事	文史哲	2011.5	260	10	春秋人物
39	大浩劫後：倭國「天譴說」溯源探解	文史哲	2011.6	160	3	歷史、天命
40	臺北公館地區開發史	唐　山	2011.7	200	5	地方誌
41	從皈依到短期出家：另一種人生體驗	唐　山	2012.4	240	4	學佛體驗
42	第四波戰爭開山鼻祖賓拉登	文史哲	2011.7	180	3	戰爭研究
43	臺大逸仙學會：中國統一的經營	文史哲	2011.8	280	6	統一之戰
44	金秋六人行：鄭州山西之旅	文史哲	2012.3	640	15	遊記、詩
45	中國神譜：中國民間信仰之理論與實務	文史哲	2012.1	680	20	民間信仰
46	中國當代平民詩人王學忠	文史哲	2012.4	380	10	詩人、詩品
47	三月詩會 20 年紀念別集	文史哲	2012.6	420	8	詩社研究
48	臺灣邊陲之美	文史哲	2012.9	300	6	詩歌、散文
49	政治學方法論概說	文史哲	2012.9	350	8	方法研究
50	西洋政治思想史概述	文史哲	2012.9	400	10	思想史
51	與君賞玩天地寬：陳福成作品評論與迴響	文史哲	2013.5	380	9	文學、文化
52	三世因緣：書畫芳香幾世情	文史哲				書法、國畫集
53	讀詩稗記：蟾蜍山萬盛草齋文存	文史哲	2013.3	450	10	讀詩、讀史
54	嚴謹與浪漫之間：詩俠范揚松	文史哲	2013.3	540	12	春秋人物
55	臺中開發史：兼臺中龍井陳家移臺略考	文史哲	2012.11	440	12	地方誌
56	最自在的是彩霞：台大退休人員聯誼會	文史哲	2012.9	300	8	台大校園
57	古晟的誕生：陳福成 60 詩選	文史哲	2013.4	440	3	現代詩集
58	台大教官興衰錄：我的軍訓教官經驗回顧	文史哲	2013.10	360	8	台大、教官
59	為中華民族的生存發展集百書疏：孫大公的思想主張書函手稿	文史哲	2013.7	480	10	書簡
60	把腳印典藏在雲端：三月詩會詩人手稿詩	文史哲	2014.2	540	3	手稿詩
61	英文單字研究：徹底理解英文單字記憶法	文史哲	2013.10	200	7	英文字研究
62	迷航記：黃埔情暨陸官 44 期一些閒話	文史哲	2013.5	500	10	軍旅記事
63	天帝教的中華文化意涵：掬一瓢《教訊》品天香	文史哲	2013.8	420	10	宗教思想
64	一信詩學研究：徐榮慶的文學生命風華	文史哲	2013.7	480	15	文學研究

陳福成 80 著編譯作品彙編總集

編號	書　　　　名	出版社	出版時間	定價	字數（萬）	內容性質
65	「日本問題」的終極處理：廿一世紀中國人的天命與扶桑省建設要綱	文史哲	2013.7	140	2	民族安全
66	留住末代書寫的身影：三月詩會詩人往來書簡	文史哲	2014.8	600	6	書簡、手稿
67	台北的前世今生：圖文說台北開發的故事	文史哲	2014.1	500	10	台北開發、史前史
68	奴婢妾匪到革命家之路：復興廣播電台謝雪紅訪講錄	文史哲	2014.2	700	25	重新定位謝雪紅
69	台北公館臺大地區考古・導覽：圖文說公館臺大的前世今生	文史哲	2014.5	440	10	考古・導覽
70	那些年我們是這樣寫情書的	文史哲	2015.01	460	15	書信、情書
71	那些年我們是這樣談戀愛的	文史哲				
72	我的革命檔案	文史哲	2014.5	420	4	革命檔案
73	我這一輩子幹了些什麼好事	文史哲	2014.8	500	4	人生記錄
74	最後一代書寫的身影：陳福成的往來殘簡殘存集	文史哲	2014.9	580	10	書簡
75	「外公」和「外婆」的詩	文史哲	2014.7	360	2	現代詩集
76	中國全民民主統一會北京行：兼全統會現況和發展	文史哲	2014.7	400	5	
77	六十後詩雜記現代詩集	文史哲	2014.6	340	2	現代詩集
78	胡爾泰現代詩臆說：發現一個詩人的桃花源	文史哲	2014.5	380	8	現代詩欣賞
79	從魯迅文學醫人魂救國魂說起：兼論中國新詩的精神重建	文史哲	2014.5	260	10	文學
80	洪門、青幫與哥老會研究：兼論中國近代秘密會黨	文史哲	2014.11	500	10	秘密會黨
81	台灣大學退休人員聯誼會第九屆理事長實記	文史哲			10	行誼・記錄
82	梁又平事件後：佛法對治風暴的沈思與學習	文史哲	2014.11	320	7	事件・人生
83	囚徒：陳福成 5500 行長詩	文史哲			3	5500 行長詩
84	王學忠籲天詩錄：讀《我知道風兒朝哪個方向吹》的擴張思索	文史哲	2015.8	420	10	現代詩
85	一隻菜鳥的學佛初認識：讀《星雲說偈》和《貧僧有話要說》心得報告	文史哲	2015.9	460	10	佛法
86	海青青的天空：牡丹園詩花不謝	文史哲			6	現代詩
87						
88						
89						
90						
91						
92						
93						

陳福成國防通識課程著編作品

（各級學校教科書）

編號	書　　名	出版社	教育部審定
1	國家安全概論（大學院校用）	幼　獅	民國 86 年
2	國家安全概述（高中職、專科用）	幼　獅	民國 86 年
3	國家安全概論（台灣大學專用書）	台　大	（臺大不送審）
4	軍事研究（大專院校用）	全　華	民國 95 年
5	國防通識（第一冊、高中學生用）	龍　騰	民國 94 年課程要綱
6	國防通識（第二冊、高中學生用）	龍　騰	同
7	國防通識（第三冊、高中學生用）	龍　騰	同
8	國防通識（第四冊、高中學生用）	龍　騰	同
9	國防通識（第一冊、教師專用）	龍　騰	同
10	國防通識（第二冊、教師專用）	龍　騰	同
11	國防通識（第三冊、教師專用）	龍　騰	同
12	國防通識（第四冊、教師專用）	龍　騰	同
13	臺灣大學退休人員聯誼會會務通訊	文史哲	

註：以上除編號 4，餘均非賣品，編號 4 至 12 均合著。

編號 13 定價一千元。